Jean-Paul Brighelli et Michel Dobransky

# Léon Werth
## 33 jours

Présentation, notes, questions et après-texte établis par
NATHALIE LEBAILLY
*professeur de Lettres*

MAGNARD

# Sommaire

## QUI EST LÉON WERTH ?

Si l'on cite ce nom, il y a fort à parier que celui de Saint-Exupéry ne tardera pas à lui être associé. C'est que Léon Werth est le fameux dédicataire du *Petit Prince*. Mais, s'il y a une chose dont on est sûr après la lecture de *33 jours*, c'est bien que Léon Werth fait partie de ces êtres qui gagnent notre admiration pour la raison même qu'ils ne la réclament pas.

Ces « méditations historiques » sont d'abord un témoignage éclairé sur une époque qui ne l'était guère. Ensuite, ce qui en fait un véritable trésor caché (mais à faire découvrir !), c'est qu'il est écrit dans une langue claire et poétique. Enfin, Lucien Febvre, historien, en présente lui-même le caractère humaniste : « Il y a en Werth un historien […]. Il y a bien autre chose. Une inquiétude qui toujours s'analyse. Une justice qui sans cesse éprouve le besoin de se justifier. Une méfiance, une horreur instinctive, une haine lucide du lieu commun. »

En effet, nul manichéisme dans ces pages où chaque terme est pesé, chaque comportement analysé, chaque jugement différé. L'auteur est un homme attaché aux nuances qui se refuse à toute pensée « trop simple » et sa dédicace nous met d'emblée dans l'ambiance du livre : « C'était le temps où ils [les Allemands] étaient "corrects", qui précède le temps où ils nous donnèrent des "leçons de politesse" ».

Né le 17 février 1878 à Remiremont et mort à Paris le 13 décembre 1955, Léon Werth fut naguère un anticonformiste notoire. Après des études prestigieuses au lycée Henri-IV de Paris, où il a obtenu une licence de lettres, il entame une carrière de journaliste dit « polémique », terme qu'il n'admet pourtant guère si l'on en croit cette remarque de son *Journal* : « Je serai toujours reconnaissant à Valéry Larbaud d'avoir écrit que, même s'il détestait quelques-uns de mes emportements, il ne lui vint jamais l'idée de les rabaisser au plan de la polémique. » (p. 93).

En 1913, il publie son premier roman *La Maison Blanche*, sélectionné au Goncourt la même année que *Le Grand Meaulnes* d'Alain-Fournier.

De 1914 à 1917, il combat pour la France après s'être engagé. Au bout de seize mois, il est réformé et publie des articles pacifistes, ce qui lui valut cette étiquette de « polémique ».

En 1925, sa femme, Suzanne, lui donne un fils, Claude, auquel Léon Werth fait parfois discrètement allusion dans *33 jours*.

C'est en 1932 qu'il fait la connaissance de celui dont il devient le meilleur ami : Saint-Exupéry.

Durant la Seconde Guerre mondiale et à cause de ses origines juives, il est obligé de vivre dans la clandestinité et même de fuir Paris. C'est cet exode qui est raconté dans *33 jours*.

# Léon Werth
## 33 jours

## AVERTISSEMENT DE L'ÉDITEUR VIVIANE HAMY

Le manuscrit de *33 Jours*, demeuré inédit jusqu'à ce jour, a une curieuse histoire. En 1941, Saint-Exupéry se rend à Saint-Amour (Jura) où son grand ami Léon Werth (le futur dédicataire du *Petit Prince*) s'est réfugié.

Là, on lui confie ce récit de l'exode qu'il emportera aux États-Unis et qu'il proposera à l'éditeur Brentano's. Un contrat est signé et un à-valoir versé.

Pourtant, et pour des raisons non élucidées, Brentano's ne publiera jamais l'ouvrage. De son côté, Saint-Exupéry, croyant en la parution prochaine de *33 jours*, en parle ainsi dans son roman *Pilote de guerre* (1942) :

« Un de mes amis, Léon Werth, a entendu sur une route un mot immense, qu'il racontera dans un grand livre. »

## PRÉFACE DE L'AUTEUR

*C'était le temps où ils étaient « corrects », qui précède le temps où ils nous donnèrent des « leçons de politesse ».*

# 1
## DE PARIS À CHAPELON. LA CARAVANE

Le 10 juin, à onze heures du matin, je rencontre Tr... avenue des Champs-Élysées. Nous décidons d'aller jusqu'au Continental, « pour savoir quelque chose ». Au milieu de l'avenue, un ouvrier, avec un pic pneumatique, arrache quelques
5 pavés. Réparation de voirie[1] ou défense contre les chars ? Cependant un jet d'eau arroseur répand ses perles sur le gazon d'une pelouse. Ce jet d'eau nous inspire des pensées puériles, il nous donne confiance : « Si c'était grave, on ne penserait pas à arroser le gazon... »
10 « À Dieu vat[2]... », lui dis-je en le quittant. « En temps de guerre, me dit-il, Dieu existe... » Ce n'est point un acte de foi. Il veut dire que ni lui ni moi n'avons de prise sur l'événement, que l'histoire se fait sans nous.

La rue d'Assas, ma rue, est vide. Les gens à auto quotidienne,
15 ceux qui laissent leur voiture au ras du trottoir, pendant qu'ils déjeunent, sont partis depuis longtemps. Je ne suis pas pressé de partir. Les plus sages avis, les plus compétents n'ont pas entraîné ma conviction. Il ne s'agit pas de raison. Ma certitude et ma sécurité sont au fond de moi-même dans une région que
20 n'atteignent ni le calcul stratégique ni la raison. « Paris, c'est Paris, et il n'est pas possible que les Allemands y entrent. »

Cependant A..., dans la nuit, m'a donné l'ordre amical,

---

1. Ensemble des voies de communication.
2. À la grâce de Dieu (« vat » : forme ancienne de l'impératif du verbe « aller »).

l'ordre fraternel de mettre soixante kilomètres entre les Allemands et nous. Je suis décidé à obéir, mais c'est presque par
25 gentillesse. Je pense que son amitié est anxieuse, comme serait la mienne en pareil cas, qu'il est au plein du risque et ne craint que pour nous.

Comme chaque année, nous prenons la route pour Saint-Amour, qui est notre point fixe entre Jura, Bresse et Basse-
30 Bourgogne. Nous partons le 11 juin à neuf heures du matin. Nous pensons, sans nous presser, arriver vers cinq heures de l'après-midi. Étrange départ cependant. Paris est recouvert d'un entonnoir de suie[1]. Je n'ai jamais su ce qu'était cette nuée noire. Fumée des réservoirs d'essence de Rouen ? Moyen de guerre
35 imaginé par nous, par les Allemands ?

Je laisse la guerre derrière moi. Je n'y mets pas d'hypocrisie. Je me donne une permission de détente. Depuis septembre de l'autre année, j'ai tenté de ne pas mentir et de ne pas me mentir. J'ai accepté le rôle de Don Diègue[2]. Et je crois qu'il n'y a
40 plus de civilisation, pour des siècles, si le soldat, comme l'a dit le général Weygand[3], ne s'accroche pas au sol. Cette semaine même, j'ai tenté de définir cet accrochage, de me mettre dans la peau du soldat qui s'accroche. J'ai souffert de ce consentement à l'héroïsme. Cette souffrance seule m'a consolé et
45 rassuré.

---

1. Matière noire et épaisse déposée par la fumée.
2. Père de Rodrigue dans *Le Cid* de Corneille. Trop âgé pour combattre, il doit remettre son honneur entre les mains de son fils (*cf.* la célèbre tirade qu'il prononce à l'acte I, scène 4).
3. Ce général français (1867-1965) se décida en faveur de l'armistice qui sauvait l'honneur des soldats en accablant surtout le gouvernement.

Porte d'Italie, Villejuif, Thiais. La circulation est comme en semaine. Bientôt, la route s'encombre, comme un dimanche soir. Je m'arrête devant un poste d'essence. Cette femme qui tient le tuyau à bras levés, j'ai aussitôt le sentiment qu'il y a
50 entre elle et moi autre chose que le trafic d'un carburant. Elle m'attend. Immobile, elle tient le tuyau plus haut que sa tête, elle ne fait pas un pas vers le réservoir de la voiture. Et ses yeux cherchent les miens. Et elle me dit : « La Russie a déclaré la guerre à l'Allemagne... »
55 Ses yeux se remplissent de larmes. Les miens aussi. Que les débats sur le stalinisme[1] et la Révolution semblent lointains ! La Russie jette ses armées. Et les Allemands, à Compiègne ou à Pontoise, se retournent comme piqués au talon.

Qu'un historien me raille[2], s'il veut, pour ma crédulité[3]. Mais
60 une telle nouvelle nous en avions tant besoin ! Et certes déjà des nouvelles avaient circulé dans Paris, fuyant tout droit par les couloirs des rues, pénétrant dans les loges des concierges et chez les bistros et par les fenêtres des maisons. Mais elles n'étaient pas fausses, elles annonçaient un désastre le lendemain vérifié.
65 Et cette nouvelle, vous entendez bien que je n'en fis pas, sans un peu de résistance, ma nourriture. Je m'approchai d'un camion arrêté. Trois hommes étaient sur le siège : « Est-il vrai que... Avez-vous entendu dire que ?... » – « La Russie... Mais oui... »

---

1. Léon Werth est antistalinien.
2. Se moque de moi.
3. Naïveté (credere, latin : croire).

70  Et cette Russie entrant en guerre, je la retrouvai tout le long de la route, quand l'encombrement devint embouteillage, quand les autos avancèrent par quatre files, et à la nuit tombante, elle m'attendait, elle était tapie dans un petit village, dans une ruelle de village éloigné de la route de l'exode.

75  À Plessis-Chenet, on nous interdit la route de Fontainebleau, on nous dirige vers Pithiviers, Orléans, je ne sais. Mais nous sommes pris dans une interminable caravane. Nous ne sommes plus que l'un des anneaux d'une chaîne, qui s'étire lentement sur la route, à la vitesse de dix, de cinq kilomètres à l'heure... À 80  six heures du soir, au village d'Auverneaux, nous sommes à quarante kilomètres de Paris. Nous trouvons une chambre. De braves gens sont là déjà, qui ont quitté Paris à bicyclette. Devant le poste de radio une femme pleure : le *Radio-Journal de France* n'a rien dit de la Russie.

85  Nous repartons le lendemain 12 juin, à quatre heures du matin. Nous pensons que personne ne s'est levé d'aussi bonne heure. Mais nous retrouvons la caravane. On roule à moteur étranglé en seconde, le plus souvent en première, de vingt mètres en vingt mètres. Puis c'est un arrêt de six ou sept heures, 90  je ne sais plus. Six ou sept heures au soleil. Mais dans cette foule qu'endiguent les bas-côtés de la route, dans cette foule en longueur, dans cette foule étirée au laminoir[1], il n'y a point encore de mauvaise humeur ni même d'impatience. Elle cède, elle croit céder à des nécessités militaires. Et le bruit se répand de

---

1. Machine servant à allonger un objet.

proche en proche que des camions de munitions passent sur une route transversale.

Au soir tombant nous nous arrêtons à Milly. Nous avons fait seize kilomètres en quinze heures.

Sur la place, il y a beaucoup de voitures arrêtées, au repos ou en panne. Les hôtels, les cafés sont pleins, mais cette foule est sans inquiétude. La circulation des voitures est réglée. Le commandant de Place a constitué un petit atelier mécanique, où des sapeurs[1] aident les automobilistes en panne. Avec gentillesse, avec bonne humeur. Et Monsieur Popot, mécanicien de métier, vous dose sans hésiter le mélange de pétrole et d'huile qui doit lubrifier l'embrayage d'une vieille Bugatti.

Le marché est couvert d'un beau toit à vieilles tuiles. Nous trouvons asile dans un café aux airs de guinguette. La salle est vaste : un cabaret du Klondyke[2] au cinéma. La glace, les palmiers, les murs jaunes, les plinthes brunes, les tables passées au ripolin[3] rouge composent un décor forain de fête farouche. Derrière le zinc, la patronne est une blonde du type guerrier et la serveuse galope dans la salle, brune à malices, soubrette à répliques. On ne trouve plus nulle part à dîner. Mais on nous autorise à apporter notre boîte de sardines.

À l'autre bout de la salle, deux soldats sont assis l'un en face de l'autre. La table, une bouteille de vin rouge les séparent. Ils

1. Soldats de l'infanterie et de la cavalerie, spécialement chargés de l'emploi des explosifs.
2. Ville minière à la frontière de l'Alaska dans laquelle se trouvaient de nombreux cabarets pour distraire les chercheurs d'or.
3. Peinture brillante.

sont ensemble, mais ne se parlent pas. Ils sont absolument immobiles sur leurs chaises. Ils ne se regardent pas l'un l'autre.
120 Et leurs regards sont dirigés vers deux points distincts du plancher. Ils ont un air d'éternité.

Les hôtels sont pleins. Nous dormons et, le lendemain, nous déjeunons chez un épicier, « soigneur de fromages ». On nous accueille à la table de famille. Deux jours ont suffi pour nous
125 dépayser : déjà nous sentons le prix du répit, du refuge, de l'hospitalité. Ce ne sont pas des traitants, ce ne sont pas des logeurs. Ils résistèrent quand, par décence, il nous fallut doubler le prix qu'ils nous demandaient.

Nous reprenons notre place dans la caravane au train de
130 limace. La route de Nemours est fermée. On tente de rejoindre Joigny par Château-Landon et Saint-Julien-du-Saut. Mais on nous dirige sur Malesherbes.

Les voitures se serrent comme derrière un portillon. Les piétons les dépassent. Aucun moteur n'aime ce régime. Mais la
135 Bugatti trois litres qui date de 1932 proteste. L'eau de son radiateur bout. On s'arrête ; on repart ; mais chaque démarrage devient un problème. Car cet embrayage a toutes les vertus, sauf d'être progressif. Je ruse avec l'embrayage. Après quelques heures, c'est exténuant. Cela mord sur les nerfs. La gravité de
140 l'heure n'y fait rien. D'autant que la gravité de l'heure et le souci mécanique se mêlent. On a peur de rester en panne.

Après le croisement de la route de Pithiviers, l'eau du radiateur est de nouveau en ébullition. Le bas-côté de la route a la largeur d'une voiture ; je m'extirpe de la caravane. Je me range à droite. La route longe un bois. La caravane défile. De vieilles autos sont sorties de leurs antres de banlieue ou d'un musée de la carrosserie, ou de ces camps où les romanichels hivernent. Elles s'intercalent entre les 10 C.V. bourgeoises couvertes de valises plates et de matelas. C'est le royaume du matelas. On croirait que la France est le pays du matelas, que le matelas est le bien le plus précieux des Français. En beaucoup de voitures, des vieilles femmes sont allongées, qui ne regardent plus en dehors d'elles-mêmes et des enfants dorment comme s'ils étaient morts. Les camions industriels sont pleins, comme un entrepont d'émigrants, de bagages et de passagers, tantôt s'étageant sur l'amas des colis, tantôt alignés sous la bâche comme une rangée de spectateurs au théâtre. À travers les vitres, on voit des chiens, des chats, des oiseaux en cage. Devant un radiateur un singe est attaché.

Une auto remorque une charrette minuscule où un vieil ouvrier est assis, jambes pendantes. Il n'a emporté que quelques paquets et un filet de pêche. Mais la charrette n'est pas attachée à la voiture par une simple corde, pour un provisoire remorquage. Elle est artistement accrochée. Un système de cordes, de pieux et de fils de fer lie les deux véhicules pour une combinaison à longue échéance, unit deux destins. Ces gentillesses, ces complaisances, elles auront demain disparu.

La caravane des autos est doublée par des cyclistes hommes et femmes et par des piétons qui boitent. Leur tête semble tirée vers leurs pieds. Les uns portent un sac de tourisme, d'autres, à la main, une ou deux valises. Imagine-t-on combien cette

marche, une valise à bout de bras, est exténuante ? D'autres poussent une voiture d'enfant, chargée d'enfants ou de paquets, le meilleur de leurs biens, ou les plus étranges véhicules
175 construits par des bricoleurs avec des planches et de vieilles roues de bicyclette. Une femme est assise sur le couvercle d'un triporteur[1], l'homme pédale. Un vieux cycliste, isolé, emmène en laisse son chien.

La caravane avance à la vitesse d'un homme au pas, par cent
180 mètres, cinquante mètres, par cinq mètres. Je ne peux même pas me laisser aller à contempler ce fleuve au cours intermittent. Mon automatisme d'automobiliste me contraint à en détailler les gouttes. J'évalue machinalement la force et la marque des voitures. La caravane avance et grince, comme la chaîne d'un puits.
185 Elle n'a ni commencement, ni fin. Je suis obsédé par cette phrase idiote : « la ligne d'horizon est une ligne imaginaire à l'intersection du ciel et de la ligne infinie des autos ».

Une voiture s'arrête, conduite par une jeune femme. Comme une chenille se détourne, la caravane la double. Dans la voiture
190 il y a une autre femme et un vieillard. La conductrice s'appuie sur le volant, puis lève désespérément les bras. Son moteur a calé, son démarreur est cassé, elle n'a pas de manivelle. « Mettez-vous en prise, débrayez... on va vous pousser, quand vous aurez un peu de vitesse, embrayez... » Elle dort, elle ne
195 m'entend pas, on dirait une somnambule, elle confond embrayage et débrayage. On pousse à nouveau la voiture, le

---

1. Tricycle doté d'une caisse pour le transport des marchandises.

moteur tourne, la voiture part et vacille un instant sur la route.

Les énormes charrettes à deux roues des paysans de Seine-et-Oise et Seine-et-Marne se mêlent à la caravane. Elles sont tirées par des chevaux monumentaux, souvent par deux chevaux attelés en flèche[1]. Elles sont chargées de literies, de sacs de grain, de fourrage[2]. Un poulain sur l'une d'elles goûte peu la joie d'être en voiture. Il pétarade des quatre pattes, tantôt de l'avant, tantôt de l'arrière et amorce les plus épileptiques ruades. Les chiens attachés sous les charrettes remuent encore des queues joyeuses.

Une ferme est à proximité. Des gens s'organisent pour y coucher ce soir dans la paille. Ils sont fatigués, mais non affolés. La bataille est loin derrière eux, loin derrière Paris. Ils s'accommodent de ce pique-nique forcé, de ce camping. Demain, les routes seront désembouteillées.

Nous arrivons à Puiseaux, la nuit. Nous avons réussi à faire dans la journée vingt-cinq kilomètres. Nous trouvons une place libre dans un champ de betteraves. Nous passons la nuit dans la voiture. Des convois militaires passent sur une route lointaine. Les sabots des chevaux, frappant le sol, font un bruit de gouttes de pluie tombant sur un toit.

À cinq heures du matin, ma femme va au bourg, fait la queue jusqu'à huit heures devant une boulangerie et rapporte une livre de pain. À deux cents mètres du champ de betteraves, il y a une fontaine. J'avais oublié le miracle de l'eau, le miracle des

---

1. À la queue leu leu.
2. Nourriture des bestiaux.

municipalités prévoyantes. Je sens encore cette eau couler sur mes mains. Je trouve au bourg un paquet de tabac. Quelques minutes plus tard le bureau de tabac sera fermé.

Puiseaux a la forme d'un mamelon, d'une fourmilière, au
225 sommet de laquelle on aurait posé une église. J'ai sommeil. Il me semble que les rues montent et tournoient à l'infini. Je me perds. Il me faudra une heure pour retrouver mon champ de betteraves. Les réfugiés emplissent les rues, ceux des autos et ceux des charrettes à bras, ceux du Nord, ceux de Paris, ceux de
230 Seine-et-Marne. C'est un morceau de la caravane, de la caravane désassemblée. Cette foule ne ressemble à rien que je connaisse. Près de moi quelqu'un dit : « C'est la Canebière[1] ». Mais on sent en elle une sourde colère, une impatience accumulée.

235 Un groupe, dans la rue, massé devant une fenêtre entrouverte, écoute la Radio. Je m'approche. Je serais incapable de me souvenir des nouvelles que communiquaient les périphrases[2] du *Radio-Journal.* L'avance des Allemands y était à peine dissimulée. Je crois bien que c'est ce matin-là que j'entendis un
240 extraordinaire « derrière Paris », qui me fit souvenir de ces combats à l'ouest de Bruxelles, alors qu'on n'avait point encore annoncé la prise de Bruxelles. Pourtant pour les nomades que nous sommes devenus, ce n'est encore que la poussée allemande des titres de journaux. Ils avancent, ils passent la Somme,

1. Avenue de Marseille qui débouche sur le port.
2. Figures de style qui consistent à remplacer un mot par un groupe de mots qui pourrait en être la définition.

l'Oise. Si même ils passent la Seine, rien n'est perdu. On se bat-
tra sur la Loire. Nous ne manquons pas de rivières et la stratégie est la science des rivières.

Cependant un major à trois galons, un long garçon à tête de
Bédouin[1], exhorte la foule, l'invite à l'espérance et lui montre
en passant que notre provisoire recul est la faute d'une moitié
politique de la France, celle dont il n'est pas.

J'entre dans un café : les nomades, comme un paquet de
mouches sur un morceau de sucre, se pressent autour du patron
qui remplit à moitié les verres qu'on lui tend, d'un café jaunâtre.
Et, pour la première fois, j'entends ces mots, dits par une femme
ensommeillée au visage maussade : « La France est vendue. »

Nous quittons le champ de betteraves. Dans l'auto voisine
une dame âgée peigne minutieusement ses cheveux blonds.
Nous tentons en vain de prendre la route de Château-Landon,
pour rejoindre Auxerre et la route nationale de Paris-Lyon. On
nous dirige sur Montargis. À Beaumont, on dit qu'on peut
trouver de l'essence. Mais les nouvelles qui concernent l'essence
sont semblables maintenant à celles qui concernent la guerre.
Ce sont des mythes circulant, venant on ne sait d'où.

Une section de fantassins[2] se repose dans un espace vide
entre deux maisons. Les uns sont couchés, dorment. Les autres,
debout, contemplent avec indifférence la caravane morcelée
dans le village. Je m'approche. Ils ont fait la Somme. J'attends
d'eux quelque clarté, quelque espoir. Mais je n'ai devant moi

1. Arabe nomade des déserts d'Afrique du Nord et du Moyen-Orient.
2. Militaires servant dans l'infanterie.

²⁷⁰ que les soldats mystérieux, les soldats résignés[1]. Je cherche en eux l'âme, le fond, le choix, le désir. Ils ne me livrent pas leur secret. Ils parlent soldat. Ils sont las. Je n'obtiens d'eux que quelques : « Il ne faut pas s'en faire… »

L'invisible autorité qui ne se préoccupe ni de l'embouteillage, ²⁷⁵ ni du pain, ni de l'essence, veille avec vigilance sur notre itinéraire. Elle nous dirige vers Corbeil-en-Gâtinais et Lorcy, par des routes vicinales[2] et tournoyantes. Au soir tombant, nous arrivons au bourg de Ladon. Nous avons fait à peu près vingt-cinq kilomètres dans la journée, à raison d'un ou deux kilomètres dans ²⁸⁰ l'heure. Nous n'en pouvons plus. J'aperçois à l'angle d'un chemin transversal une borne kilométrique : Chapelon 4 kilomètres. Le chemin est désert. Il apparaît à mon souvenir ombreux et champêtre. Je lâche la caravane, je m'extirpe de la caravane qui avance par soubresauts. Je prends le chemin de Chapelon, où nous trou- ²⁸⁵ verons au moins du silence et de l'herbe propre pour dormir.

Pourquoi confesser cette recherche d'asile champêtre ou ce souci de confort ? C'est de l'anecdote et de nul intérêt. Mais si nous n'avions pas décidé ce détour par le hameau de Chapelon, nous n'aurions pas rencontré sur notre route les mêmes circons- ²⁹⁰ tances et les mêmes gens. Nous aurions couru moins de risques ou davantage. Nous n'aurions pas connu celui-ci ou celle-là dont j'oserai dire qu'ils nous ont fait toucher des secrets historiques, qu'ils nous ont révélé quelques joints entre l'histoire et l'homme.

Quatre kilomètres de route libre, à lancer la voiture, à être le

---

1. En mai-juin 1940, le peuple en exode croise sur les routes l'armée française en déroute.
2. Reliant des communes.

295 cerveau de la voiture, à sentir la voiture comme on sent son corps, à sentir la carcasse de la voiture comme un prolongement de son propre corps, à glisser.

Sur la place du village, un groupe de paysans forme un cercle dense, semble posé au sol comme un monument commémora-300 tif... Je m'approche. Aucun signe de méfiance, mais on m'évalue, on me juge. Je tombe de la lune dans un cercle de rustiques[1] notables. Tous les regards sont sur moi. Je dois peser mon poids de parisien. On ne me repousse pas, on ne m'éloigne pas. On me jauge[2]. Un vieillard me regarde avec la même innocence que 305 s'il contemplait l'horizon. Et parmi ces visages groupés, j'en distingue un plus mobile et plus ciselé. Tel devait être le visage de Voltaire[3] jeune, je veux dire de Voltaire à quarante-cinq ans. Ce visage-là montre plus de curiosité que les autres, plus de malice. Ces yeux-là ne me pèsent pas, ils me retournent.

310 Nous ne sommes encore que les héros de trois nuits sans lit. Au fond de moi-même, je pense qu'un lit est une bonne chose. Mais pas si bête. Moi non plus je ne suis pas dénué de malice. Et je sais être hypocrite, quand il faut. Je ne demande qu'un toit contre les intempéries et un peu de paille.

315 Abel Delaveau (je lui donne ici son vrai nom) fut notre hôte. Je me lavai à l'eau de son puits, nous partageâmes sa table et nous couchions le soir dans une chambre de sa maison, dans une vraie chambre, dans un lit, dans un vrai lit. Je contemplais

---

1. De la campagne.
2. On apprécie ma valeur, on me juge.
3. Écrivain et philosophe du XVIIIe siècle.

avec une ferveur étonnée la pendule 1880 sur la cheminée, des
320 photographies encadrées et le ventre de l'édredon rouge.

J'ai lu, quand j'étais enfant, de beaux récits sur l'hospitalité.
L'hôte est sacré pour le patriarche[1] biblique, pour le Grec de
*L'Iliade* et pour le Bédoin dans sa tente. Abel, Monsieur Abel,
comme souvent on vous appelle à Chapelon, je n'ai, grâce à
325 vous, rien à regretter de l'antiquité... L'hospitalité existe dans les
temps modernes, et elle y est plus belle encore. Car elle n'est pas
un rite, mais un don.

La cour de la ferme, pleine de jour tombant, de repos, de
silence, est vaste, close de murs. La maison, les hangars, l'écu-
330 rie, l'étable composent un bel ensemble. Dans la façade de la
maison, un morceau gothique a été conservé comme on respecte un nid d'hirondelles. Je n'en étais avec Abel Delaveau
qu'à la période des remerciements. Quelques mots sur la
guerre changèrent tout. Cette conversation, je ne la reconsti-
335 tuerai que plus tard. Au point où j'en suis de mon récit, je
l'abandonne. Je dirai seulement qu'elle nous prouva que nous
n'étions pas l'un et l'autre sans un commun langage. Nous
détestions également la guerre au-delà de la mesure dans
laquelle elle nous touchait dans notre parenté ou dans nos
340 intérêts, nous offrions à la guerre une acceptation étonnée
d'elle-même et nous savions que, si Hitler en était responsable,
Hitler n'était pas aussi grand qu'on le faisait et qu'il ne s'était
pas fabriqué tout seul.

---

1. Dans l'Ancien Testament, les patriarches étaient des chefs de famille à la longévité et à la fécon-
dité exceptionnelles.

À causer avec un paysan, je n'ai jamais connu de gêne, avec
un ouvrier souvent. Il arrive qu'un paysan prenne les mots entre
ses doigts, comme il prend un épi, un grain de blé. Le citadin
apprend de lui à connaître le blé et l'avoine et à ne point raisonner sur les céréales. L'ouvrier a appris de la ville et des journaux le jeu des abstractions passionnelles, la jonglerie avec des
poids faux. Il distingue mal la chose, l'abstraction et les passions
qu'on lui inocule[1], quand il est en état de foule.

D'un mot, Abel Delaveau avait lu. Un fonctionnaire, à qui
pour simplifier, je le définissais ainsi, me demanda aussitôt, et
sa question fut immédiate et bondissante, comme si j'eusse touché un ressort au centre de son être : « Êtes-vous sûr qu'il avait
assimilé ?... » Beaucoup de bacheliers français considèrent cette
sorte d'assimilation comme un de leurs privilèges. J'ai connu,
pour ma part, des membres de l'Enseignement supérieur qui
n'avaient rien assimilé du tout.

Je pensai un instant à Émile Guillaumin[2] chez qui Valery
Larbaud[3] me conduisit un jour. Mais je n'eus pas le temps de
connaître Guillaumin paysan. Je le revois encore attachant une
vache à l'étable ; la même pudeur qui nous eût interdit de donner à la conversation un tour littéraire le retenait peut-être de
lui donner un tour paysan. Mais Abel Delaveau, paysan à plein,
par tradition et volonté, est aussi — et je n'en avais point encore

1. Communique.
2. Né en 1873, cet homme, qui ne bénéficia que d'une faible instruction mais forgea sa culture à travers les lectures, se rendit célèbre en écrivant *La Vie d'un simple*, le roman d'un paysan sur les paysans.
3. Écrivain et poète français qui fit connaître au public parmi les plus grands écrivains américains.

rencontré comme lui – un paysan enthousiaste. Et d'autant plus qu'il n'est point enfermé dans le métier de la terre.

Je ne savais pas, ce premier soir de Chapelon que le couplet sur
370 le retour à la terre[1] allait redevenir de mode ou de consigne. Il est d'ordinaire tourné par des bureaucrates ou des académiciens, qui prouvent seulement qu'ils n'avaient d'aptitudes spéciales que pour le métier de manœuvre non spécialisé. Ce qu'ils appellent sagesse paysanne n'est qu'une image de leur paresse d'esprit ou de
375 leurs préjugés. Ils l'opposent à la turbulence ouvrière et ils sont ainsi rassurés. Je le leur dis en vérité : Abel ne les eût point satisfaits. Et pourtant, il ne serait pas paysan s'il avait accepté un catéchisme révolutionnaire. Mais je ne veux pas vous faire d'Abel un portrait politique et je ne sais encore si j'y serai conduit. Il me
380 suffit pour aujourd'hui de dire que je n'ai jamais connu esprit plus agile et s'accrochant mieux au monde.

Abel me conduit à la mairie, où il a organisé une bibliothèque. Mais je suis fatigué, je lis mal les titres. J'ai vu quelques Balzac, et cela m'a suffi. Nous faisons le tour du propriétaire :
385 j'admire les croupes monumentales des trois Boulonnais[2] en tiers. L'étable contient une dizaine de vaches et un taureau. De l'autre côté de la cour, plus de cent lapins blancs : on dirait des œufs qui tremblotent.

Un peu avant le dîner, Abel monte de la cave une bouteille
390 de Savigny. Quel prétexte pour nous à lui parler du Beaujolais,

---

1. Allusion au gouvernement de Vichy qui aura pour mot d'ordre « Travail, Famille, Patrie » et qui remettra à l'honneur le travail de la terre.
2. Chevaux.

du Mâconnais où ma femme est née et qui est pour moi pays d'adoption. Abel nous dit qu'au temps de son grand-père, il n'y avait dans cette région du Gâtinais que des vignerons. Leur vin était mauvais et ils gagnaient mal leur vie. Vint le phyl-
395 loxéra[1]. On crut au désastre, à la ruine totale. Le pays fut sauvé par le phylloxéra. Les vignerons renoncèrent à la vigne et pratiquèrent une culture intensive. Et qui est en secret avec la terre peut maintenant, à quinze kilomètres de Montargis, vivre proprement.

400   Nous avons dîné avec Abel, Madame Delaveau et leurs trois enfants. Le bloc familial souriait à notre aventure qui n'était point après tout bien tragique. Nous causons tard après le dîner. Il était presque minuit, quand nous nous levâmes par discrétion. Car nous n'étions pas pressés. Rien ne nous obligeait
405 à partir le lendemain de bonne heure. Nous étions à cent kilomètres de Paris. Donc beaucoup plus de cent kilomètres entre la bataille et nous.

   Allongé entre les draps, je tâte le matelas de tous les points de mon corps. Je m'enfonce voluptueusement dans un sommeil
410 profond.

   Je suis réveillé en sursaut, on frappe à la porte. Je reconnais la voix d'Abel. Je me lève, j'ouvre la porte. Abel tient à bout de bras une lanterne d'écurie. Toute la chambre vacille à cette lueur vacillante. « Le maire, dit Abel, a reçu l'ordre de faire éva-
415 cuer le village. Les hommes de seize à quarante-cinq ans. Les femmes peuvent rester. »

---

1. Insecte s'attaquant à la vigne.

Il est deux heures après minuit. Il fait nuit noire. On délibère confusément. La sagesse serait peut-être de rester ou de laisser les femmes, pour garder la ferme. Mais il semble impossible aux
420 hommes d'abandonner les femmes. On ne sait rien des Allemands sinon la conduite qui fut la leur ou que les journaux leur attribuèrent en Pologne. Et, de la cour, on aperçoit des lueurs d'incendie en direction de Mignières. Ce sont sans doute des villages qui brûlent.

425 On prépare le départ. Madame Delaveau met les matelas au plancher, prend des draps dans une armoire. Elle a des larmes aux yeux. La plus jeune de ses filles, la petite Jacqueline, une enfant de douze ans, sanglote et ne veut partir qu'avec sa plus belle robe. « Que faut-il emporter ?... » demande à ma femme
430 Madame Delaveau, comme si ma femme possédait le grand secret des évacuations.

La lueur d'incendie grandit. On saura plus tard que les soldats français ont mis le feu au dépôt d'approvisionnement de Mignières. Abel attelle aux chars à fourrages ses trois
435 Boulonnais. Puis il va à l'étable, détache les bêtes.

**BIEN LIRE**

**Chapitre 1**
• Repérez un passage où l'auteur s'adresse au lecteur.
• Repérez le mot qui a servi à l'auteur pour le titre du chapitre (l. 75-84).
• Notez que l'auteur aime à s'amuser avec les mots en créant des expressions qui lui sont propres (l. 113-114).
• Remarquez que l'auteur est attentif à ce qui se passe autour de lui et qu'il transforme la réalité en tableau (l. 142-159).
• Montrez que l'auteur s'interroge sur ses choix narratifs.

## 2
## DE CHAPELON À LA LOIRE.
## TABLEAUX DE BATAILLE

Pas une lueur d'aube sur la route de Chapelon à Ladon. Une camionnette arrêtée m'apparaît comme une vague tenture grise. Ses feux d'auto montent en éclair, et disparaissent. J'allume mes phares dans la position code. Des paysans ou des soldats dans
5 un champ m'injurient. J'éteins. Je rallume. Quatre fois, cinq fois, plus peut-être. Grâce à quoi, j'ai pu faire quatre kilomètres en moins d'une heure.

Le jour s'est levé. Nous retrouvons la caravane. Nous nous insérons en elle. Au soir tombant, nous aurons fait une dizaine
10 de kilomètres.

Les arrêts par embouteillage sont d'une heure, deux heures, je ne sais plus. Nous sommes en station devant une maison abandonnée entourée d'un jardin.

Par la grille, on voit des groseilliers. Ma femme cueille
15 quelques groseilles, les rapporte dans le creux de sa main. Elle a pris grand soin de ne pas casser les branches. Mais elle n'est pas sortie du jardin, qu'un gaillard en chandail y pénètre et revient avec un trophée de branches. Celui-là est entré dans la guerre, celle du vainqueur comme du vaincu. Notre respect des
20 branches de groseilliers déjà est anachronique[1].

---

1. D'un autre temps (*chronos*, grec : temps).

Des camions militaires doublent en seconde file. C'est un convoi régulier, en ordre. Mais leur file s'embouteille aussi.

Les gens de la caravane, qui ne dorment pas dans les voitures, rôdent sur les bas-côtés. Un officier qui fait les cent pas au long
25 d'un camion nous demande si nous avons faim, si des enfants ont faim. Il fait distribuer des biscuits de soldat. Son visage est grave et désolé.

Un artilleur[1] m'offre un quart de vin blanc. Je le bois d'un trait. Un soldat motocycliste maintient son équilibre en s'ap-
30 puyant à la portière d'une auto et démontre à un camarade les lois de l'équilibre en moto, lui indique les régions musculaires où cet équilibre est consenti. Il parle avec volubilité[2], avec une extrême nervosité. Je me souviens que lorsque le convoi s'ébranla, il me jeta : « On va en supprimer quelques-uns. » Il
35 croyait au front de Loire. – « N'en laissez pas... » lui répondis-je.

Je n'ai pas de cette réplique une particulière fierté. Elle dit mon sentiment dans cette minute. J'aurais volontiers sacrifié, pour que le front de Loire ne fût pas crevé, l'abstraction de quelques milliers d'Allemands. Et d'ailleurs je me suis expliqué
40 là-dessus lorsque la presse et la Radio française nous annon-çaient la prise de Narvik[3] et nous montraient, flottant sur la mer, des milliers de cadavres ennemis.

La caravane, ses charrettes paysannes et ses autos, est tou-

---

1. Militaire servant dans l'artillerie.
2. Facilité et rapidité.
3. Port norvégien utilisé par les Allemands pour acheminer du fer depuis la Suède qui fut pris par un contingent franco-britannique le 28 mai 1940.

jours arrêtée. Des minutes, des heures passent. Je ne puis même
pas dire qu'elles sont longues. Ces minutes, ces heures sont hors
le temps habituel.

D'une camionnette bâchée, à l'arrière de laquelle est bizarre-
ment juchée comme une figure de poupe[1], une fillette d'une
quinzaine d'années, une femme à l'aspect de mégère est des-
cendue. Elle vaticine[2] : « Nous sommes vendus, nous sommes
trahis... » Cette accusation populaire, que j'ai depuis si souvent
entendue sur la route, il semblait qu'elle se suffît à elle-même.
Je n'ai jamais obtenu de réponse à la question : « Par qui ?... »
Mais il y a un sens populaire de divination[3] qui dépasse les
tâtonnements de la critique.

La mégère a décidé de faire la police de la route. En effet, des
autos civiles doublent au mépris de l'ordre aussi bien que de la
courtoisie. Elle crie : « Fumier... saloperie... » Elle se place au
milieu de la route, les bras en croix et contraint une voiture à
s'arrêter. Cette voiture est conduite par une jeune femme
blonde aux sourcils peints, qui ne trouve point exactement la
parole qu'il faudrait : « Je suis la femme d'un officier de
mitrailleurs... » Cette façon de se présenter détermine une huée,
un cri collectif : « On s'en fout... »

Les voitures sont sur deux files, quelquefois trois. Un soldat
détaché on ne sait d'où tente en vain une opération de désem-
bouteillage. Ce microscopique essai de police est le premier

---

1. Figure installée à l'arrière d'un navire.
2. Prédit l'avenir.
3. Art de deviner l'avenir.

depuis Paris. La mégère injurie le soldat qui n'en peut mais[1].
Personne ne s'en indigne. Le soldat, bon type, répond qu'il n'a
70 pas fait un apprentissage de bâton blanc, pour être flic à Paris,
et fait constater avec calme qu'il n'a pas mérité les injures de la
vieille, et que la vieille a été sans raison insolente avec lui. Alors
le mari intervient et hurle sur un ton de tragédie classique :
« Avec vous elle ne le sera jamais assez... » La mégère mainte-
75 nant réclame aux quatre vents du ciel du pain et de l'essence.
Du pain et de l'essence, c'est comme un cri d'émeute... Je sens
sur la route un embryon d'émeute. Il ne se développera pas.

La caravane avance de quelques mètres, s'arrête, avance à
nouveau. Elle perd des chaînons et se ressoude. Au régime de
80 vingt démarrages à l'heure depuis cinq jours, beaucoup de
démarreurs n'engrènent[2] plus, beaucoup d'accus[3] se sont vidés.
Un gamin s'approche d'un capot levé et constate avec mélancolie : « C'est toutes des bagnoles crevées... » Même s'il n'y a pas
panne mécanique, simplement pour économiser l'essence, on
85 pousse les voitures à la main.

Des autos nombreuses doublent la caravane à grande allure.
Elles sont remplies d'officiers. Respectueuse de la priorité militaire, la caravane, docilement, appuie sur la droite. Pour un peu
on se mettrait au garde-à-vous, on ferait le salut militaire,
90 devant ces officiers, qui vont en avant préparer notre défense.
Nous sommes seulement un peu étonnés de voir dans ces autos

---

1. Qui n'y est pour rien.
2. En mécanique, mettre en liaison deux roues dentées.
3. Abréviation d'accumulateurs (en mécanique, appareils servant à accumuler de l'énergie élec-
trique et à la restituer sous forme de courant).

militaires tant de femmes. Mais elles appartiennent sans doute à la Croix-Rouge. Une des voitures de la caravane déborde un peu sur la gauche. Un officier se penche, crie et braque un revolver vers les pneus. Incrustée à la route comme une bernique[1] à son rocher, la caravane ne réagit pas.

C'est alors que pour la première fois, j'ai vu, sans armes, la tête vers le sol, raclant de leurs souliers et parfois de leurs sandales l'herbe des bas-côtés, des fantassins isolés. Évitant un cycliste, frôlant une auto à l'arrêt, sans paraître les voir. Marchant comme des aveugles, comme des ombres débraillées. Étrangers aux paysans des charrettes, aux citadins des autos, aux formations militaires, ils sont seuls, comme ces mendiants qui ont renoncé à demander l'aumône. C'est le commencement de la déroute. Nous ne le savons pas. Nous les prenons pour des traînards, nous croyons que leurs régiments sont loin en avant.

Nous avons quitté avant l'aube la ferme d'Abel Delaveau. Il est six heures du soir. Nous avons fait une dizaine de kilomètres. À chaque démarrage, il faut que ma femme pousse la voiture. Cela m'exaspère, pour un peu je dirais que cela m'humilie.

Je suis le prisonnier d'une route que je n'ai pas choisie. Je suis devenu un réfugié. Et je n'ai pas de refuge. J'ai sommeil. Pourquoi continuer ? Demain la circulation sans doute sera libre. Les charrettes à chevaux de la Beauce et du Gâtinais et les autos de Paris auront toutes passé. Il n'est pas possible qu'il reste

---

1. Mollusque que l'on trouve souvent fixé sur les rochers.

à Paris une seule auto. On n'imaginait même pas que Paris en pût contenir autant.

120 Je renonce à avancer avec la caravane par hoquets et soubresauts. Je me range sur l'herbe, au bord de la route. Mais là ce n'est pas le repos espéré. Ce fleuve d'autos et de charrettes est hypnotisant. Il coule à côté de nous et pourtant nous absorbe et submerge. Il y a un pré abordable, où déjà des voitures sont 125 rangées. J'y ajoute la nôtre. Nous sommes décidés à passer là la nuit.

Ma femme va jusqu'à une ferme, à deux cents mètres, pour acheter une poule. Mais la fermière sur une voiture attelée a déjà pris les rênes. Les vaches sont lâchées, livrées à elles-130 mêmes, ne savent où aller. Et la fermière crie à ma femme : « Prenez toutes les poules que vous voudrez. »

Deux jeunes gens partis de Paris, la veille, en motocyclette, abandonnent leur machine, faute d'essence. Les nouvelles qu'ils donnent sont rassurantes. « Nous sommes sortis très tranquille-135 ment par la Porte d'Italie. Nous n'avons pas vu d'Allemands. Il y en avait peut-être à la Porte Maillot, il n'y en avait pas à la Porte d'Italie... »

Un des jeunes gens tue la poule. Mais il n'a pas l'habitude ; il ne l'a pas vidée de son sang. Et nous mangeons une viande 140 noirâtre, qui a un vague goût de gibier.

Je vais chercher dans un champ voisin des gerbes de fourrage. Nous les disposons sur notre pré, de façon à former un lit confortable. La nuit est belle, lunaire, mais non pas silencieuse. Le passage des camions militaires est sans interruption. Ce rou-

145 lement est continu comme un bruit de cascade. Cette nuit n'est faite que de lune et de camions. Le lendemain, dimanche 16 juin, nous repartons. Pour démarrer après un arrêt en montée, je me fais pousser par la voiture qui me suit. Mais le conducteur me prévient qu'il ne pourra plus me rendre ce ser-

150 vice, parce qu'il n'a presque plus d'essence et que cet effort en augmente la consommation.

Des pompiers et des agents marchent en file indienne sur la gauche de la route. Ce n'est que le signe de l'évacuation de Paris, par précaution. Mais les soldats isolés sont plus nom-

155 breux. Éclopés, loqueteux[1], on ne reconnaît qu'à leur calot[2] qu'ils sont soldats ou l'ont été.

Pour déjeuner, pour manger les restes de la poule, nous nous arrêtons sur un bas-côté très large, tout près d'une belle ferme, que précèdent deux longues pelouses et que des bois entourent.

160 Nous partageons notre repas avec un gendarme. Il était assis sur l'herbe. Il venait à bicyclette, je ne sais d'où, il allait je ne sais où. Nous échangeons quelques mots sur la pagaye. Il conclut : « Quand on voit ces choses-là, c'est à se demander si... »

165 Et il n'en dit pas davantage. Mais les pires circonstances n'étouffent point le génie de ceux qui savent utiliser, pour leurs propres combinaisons, l'homme et l'événement. Un automobiliste, un des milliers d'automobilistes de la caravane engorgée,

---

1. Dont les vêtements sont usés, déchirés.
2. Coiffure militaire à deux pointes, sans bords ni visière.

s'approche du gendarme et lui dit : « Ça ne peut pas durer…
170  C'est une honte… Il n'y a aucun service d'ordre… Si vous vou-
lez, je charge votre bicyclette sur ma voiture, vous montez sur
le marchepied, et vous désembouteillez la colonne. »

Le gendarme accepte et la voiture s'élance en deuxième file,
passe comme une voiture d'État-Major et nargue la caravane.

175  Un groupe sur l'herbe, à côté d'une camionnette, déjeune de
conserves. Le ton, l'accent sentent Paris et même la ceinture de
Paris. Une femme dans la cinquantaine est très agitée, et ne sait
plus parler sans crier. Ces paroles contiennent toutes les contra-
dictions du faubourg et même de l'histoire : « Les Allemands
180  sont des hommes comme nous. On ne me fera jamais dire que
la guerre n'est pas une saloperie… Ni nous ni les Anglais ne
sommes de petits saints… rappelez-vous comment les Anglais
ont traité les Boers[1]… Ça n'empêche pas que j'ai pleuré quand
j'ai appris que les Allemands étaient à Paris… »

185  Sur la route, l'embouteillage ne diminue point. Ces charrettes, ces voitures en file sur trois cents kilomètres, personne
n'en règle la circulation. Si… voici un service d'ordre ; il est
représenté par un sergent. Je n'ai pas vu brute comparable à
cette brute dégingandée[2] et braillante. Je ne sais s'il est saoul de
190  frousse ou d'autorité. Il hurle : « À droite » à des conducteurs
dont la voiture est au ras du fossé. Il s'engouffre dans une voiture un instant abandonnée, met le moteur en marche, essaye

---

1. Colons d'Afrique du Sud, d'origine néerlandaise, qui furent vaincus par les Anglais en 1902 après
de terribles affrontements.
2. À la démarche disloquée.

de passer la première vitesse et n'y parvient pas pour la raison qu'il appuie à fond sur l'accélérateur. À faire craquer les engre-
195  nages, il s'imaginait désembouteiller la route. Il abandonne l'auto et prétend par un autre traitement local rétablir un ordre général. Un char paysan conduit par une jeune fille n'est point tout à fait à droite de la route. Il ne laisse point à la jeune fille le temps de diriger son cheval. Il se lance à la tête de la bête, sai-
200  sit la rêne, tire brutalement sur le mors, abrutit le cheval, effraye la jeune fille et réussit à déplacer la voiture de quelques centi-mètres vers la droite.

Puis il disparaît. Ce type d'homme n'est pas amateur de risque. Des avions en effet passent au-dessus de nous, jettent
205  des bombes, tirent à la mitrailleuse. Les gens se couchent dans les fossés, se cachent dans les bois ou se collent aux arbres de la cour. Des enfants s'accrochent aux jupes de leur mère. Les femmes tournent autour des arbres et cachent leur visage dans leurs bras, comme un gamin qui pare une gifle.

210  Je distingue le pantalon de velours d'un charretier couché sous sa voiture. J'en étudie la couleur et le côtelé. L'envie que j'ai depuis longtemps d'un pantalon de velours, pour le porter à la campagne, atteint son paroxysme[1].

Les avions ont disparu. On apprend que le cellier contient
215  deux tonneaux de cidre et un fût d'eau-de-vie. Alors s'organise une véritable opération de ravitaillement. Les porteurs de bou-teilles vides croisent sur le pré les porteurs de bouteilles pleines. On dirait une corvée commandée.

---

1. Degré le plus élevé.

Un cortège magnifique pénètre dans la cour : tombereaux[1]
220 tirés par des chevaux en flèche, chars attelés de quatre ou six
bœufs. Mais ces tombereaux et ces chars ne sont point chargés,
comme les voitures de la caravane, d'une hétéroclite[2] cargaison
de matelas, de fourrage et de bicyclettes. Ils défilent comme
pour un comice agricole[3], ils défilent comme dans les vieux
225 manuels d'histoire, les chars mérovingiens[4], au temps des Rois
fainéants[5]. Ce puissant cortège appartient à la famille M., qui
possède, dit-on, des milliers d'hectares en Beauce. Il est com-
mandé par deux cavaliers bottés, montés sur demi-sang. Je n'ai
pu savoir s'ils étaient les propriétaires ou les régisseurs[6] du
230 domaine abandonné.

Des automobilistes immobilisés faute d'essence les supplient de les prendre en remorque. Rien ne leur serait plus
facile : leurs voitures sont très peu chargées, quelques-unes, je
viens de le dire, sont traînées par six bœufs. Mais ils refusent
235 avec une cauteleuse réticence[7], ils refusent sans dire non, ils
refusent avec une politesse sans cordialité. Ils ont fait tuer un
veau pour eux et leurs conducteurs, mais ne se sont pas préoc-
cupés des enfants qui depuis trois jours ne sont nourris que
d'un peu de lait caillé.

---

1. Caisses montées sur deux roues pour transporter des matériaux.
2. Composée d'éléments différents.
3. Concours agricole.
4. Nom donné à la première dynastie des rois francs (451-751).
5. Nom donné aux derniers rois mérovingiens.
6. Personnes qui s'occupent d'un domaine qui ne leur appartient pas.
7. Hésitation rusée.

240    La fatigue, le découragement nous retiennent dans cette cour ombreuse. Le soir vient. Nous avons fait quatre kilomètres depuis le matin. Il faudrait pourtant avancer, aller quelque part. Il paraît que la caravane est dirigée sur Gien. De Gien, en allant vers l'Est, nous pourrons sans doute rejoindre Auxerre, Avallon.
245 Mais je n'ai presque plus d'essence. Il ne reste qu'une solution : le remorquage par camion ou charrette. Nous irons aussi vite et plus sûrement que si le moteur tourne. Mais ce n'est pas facile. Beaucoup d'autos déjà s'en vont par couple. Les camions militaires ne remorquent plus les civils, comme ils faisaient les pre-
250 miers jours. Les charrettes paysannes sont chargées à bloc de gens et de choses et leurs chevaux n'en pourraient tirer davantage. Enfin les conducteurs de charrettes et les chauffeurs hésitent à s'arrêter pour amarrer : ils ne veulent pas perdre leur rang dans la foule.

255    Un vieillard ahuri et somnolent, juché très haut sur le siège d'un plateau sans bâche, à peine chargé, consent à s'arrêter. Nous lui proposons 500 francs pour nous remorquer jusqu'à Gien. Il accepte. Il fait entrer son attelage dans la cour. Pour amarrer l'auto, je sollicite le secours d'un paysan. C'est un
260 Polonais. D'où vient-il celui-là ? Il laisse à sa femme la bride de son cheval et noue avec beaucoup d'adresse la vieille corde que je lui tends. Il refuse, avec énergie et une dignité vraie, tout pourboire.

   Il ne nous reste plus qu'à prendre la route. On fait boire le
265 cheval. On lui donne du fourrage. Nous assistons au repas du cheval, respectueusement, comme au repas d'un seigneur. Ce

cheval est peu docile. « Vous comprenez, me dit son maître, ce n'est pas qu'il soit méchant, mais il est fou. Et moi je ne sais pas conduire les chevaux... C'est le cheval de mon fils, qui est bro-
270 canteur de vieille ferraille... Et mon fils m'a dit de lui amener le cheval à Carcassonne. »

Je pense qu'une fois sur la route, le cheval suivra la file. Mais avant la route, il y a sur la droite un fossé qui m'inquiète et qui ne semble pas inquiéter le vieillard sur son siège. Cependant le
275 cheval, la voiture et l'auto démarrent. Ce cheval est fou, mais il est courageux. Nous voilà sur la route, dans la file. On avance une centaine de mètres, dans la nuit. J'ai rarement éprouvé pareil contentement au volant d'une voiture. Mais la caravane s'arrête. Au démarrage, la corde casse. Je hurle dans la nuit,
280 pour que le vieillard arrête sa bête. On rattache la corde, elle casse à nouveau. Mais cette fois, le vieux qui dort sur son siège ne m'entend pas. Je ne l'ai jamais revu.

Je ne puis guère songer à continuer par mes propres moyens. À cette allure, c'est l'ébullition certaine. Je laisse la voiture à ma
285 femme et à Andrée F...[1] Je m'étends sur le pré, la caravane passe comme un cauchemar, je m'endors.

On me réveille. Des soldats, envoyés de Lorris, sans doute, pour un vague service d'ordre, veulent pousser la voiture sur le bas-côté. Je m'installe au volant. Ils poussent si fort que si je
290 n'avais pas donné un violent coup de frein, j'allais au fossé.

La voiture est arrêtée moitié sur l'herbe et en commence-

---

1. Il s'agit d'Andrée François, l'employée des Werth depuis 1922.

ment de côte. Nous sommes immobilisés. À cause de la côte et
des roues enfoncées dans l'herbe, ma femme et Andrée F...
n'arriveront point à déplacer la voiture. Et c'est la nuit, les voitures de la caravane sont aveugles ; je veux dire qu'il est impossible de solliciter le regard d'un conducteur, d'éveiller en lui la
moindre sympathie animale, la moindre velléité[1] de secours.

La caravane à notre gauche s'arrête. Je supplie le conducteur
d'une charrette qui tient son cheval par la bride de me remorquer au moins jusqu'au haut de la côte. Il hésite, il parlemente
avec sa femme qui conduit la charrette qui suit. Mais auparavant il me confie son cheval. Je prends la bride. Mais ce masto-
donte[2] ne cesse de lever son museau vers le ciel. « Il n'est pas
méchant, il est bête », m'avait dit le paysan. Je n'ai pas de
chance : l'autre cheval était fou, celui-ci est bête. Bien que j'aie
très peur du cheval, je reste courageusement à mon poste, j'y
reste longtemps. C'est une façon de faire ma cour à ce paysan,
qui peut-être consentira à me dépanner. Il revient. Je comprends bien qu'il ne demanderait pas mieux que de me rendre
ce service. Mais sa femme ne veut pas. Debout sur sa charrette,
elle invoque la Loire, la Loire, qu'il lui faut atteindre pour être
enfin à l'abri de tout péril.

Car la Loire est maintenant le but idéal, fluvial et stratégique
que l'âme collective de la caravane s'est assignée. « Du moment
qu'on aura passé la Loire, on sera tranquille... » disait une pay-

---

1. Vague intention.
2. Animal gigantesque.

sanne. C'est à croire que toutes les paysannes de France ont suivi les cours de l'École de Guerre.

L'aube paraît. Il y a sept jours que nous avons quitté Paris. Deux jeunes gens, deux mécanos, me dégagent de ma piste 320 d'herbe. Un charretier, qui conduit une tombereau vide, attelé de deux chevaux, consent à me prendre en remorque. À partir de Montereau, le paysage nous a paru sans forme, maigre, décoloré, misérable. C'était l'effet peut-être de notre fatigue, de nos sommeils interrompus.

325 Notre charretier arrête ses chevaux. Il a vu dans un pré un cheval mort. Et tranquillement, prenant son temps, comme s'il était chez le maréchal, il le déferre. Ce charretier peut ne pas connaître la guerre, mais il connaît la route et les chevaux. Il n'est pas pressé. Nous non plus. Nous avons sommeil.

330 Mais la caravane, jusque-là patiente, est maintenant hargneuse, secouée de mouvements de peur, de méfiance et de haine. Ceux des autos reprochent à ceux des charrettes de ralentir la marche, ceux des charrettes reprochent à ceux des autos de se croire tout permis. « Et pourtant c'est nous qui vous nour- 335 rissons... »

La caravane est habitée par deux personnes morales, qui s'appellent la Loire et la cinquième colonne. La Loire est l'ange gardien, qui attend à une trentaine de kilomètres. La cinquième colonne est une flottante personne, une divinité détestable qui 340 s'incarne et se désincarne, apparaît et disparaît dix fois en cinq minutes. La cinquième colonne, c'est tout (êtres et choses), tout ce qui est entre la caravane et la Loire. La cinquième colonne, c'est le délire d'intolérance de tous ces sédentaires subitement devenus des nomades.

345     La caravane est arrêtée entre des prés en plan incliné qui montent à un horizon de boqueteaux[1] maigres, qui montent en pentes tristes, comme les plans obliques d'une géométrie élémentaire. Des voitures, pour doubler, passent par les prés. Tout s'embouteille. Suant, les yeux perdus, un réfugié court au long
350 de la caravane, son portefeuille à la main et nous crie au passage : « C'est le comble, ils m'ont traité d'espion. »

    Derrière nous, une sorte de prophétesse décharnée, ébouriffée, vaticine des paroles obscures. Ma femme s'approche d'elle et l'interroge. Elle répond : « Je vous prie de passer votre che-
355 min... Je n'ai rien à vous dire et vous le savez bien. Prenez vos sécurités comme je prends mes assurances. Je sais ce qui est et ce qu'il en est... Vous savez mieux que moi d'où vous venez et quels sont vos engagements. Je vous prie de me céder la place. »

    Au reste, ils ne sont pas si fous, ces gens, d'invoquer des divi-
360 nités tutélaires[2] et des bêtes d'apocalypse[3]. Tout, depuis le départ de Paris, est inexplicable par les lois de la raison. On nous fait prendre des chemins détournés, on nous fait décrire des kilomètres giratoires autour des bourgs et des bois, pour laisser aux convois militaires les grandes routes. Mais nous
365 sommes sans cesse mêlés aux convois militaires... On se demande même pourquoi les avions ennemis bombardent et

1. Petits bois.
2. Qui protègent.
3. Fin du monde.

mitraillent si modérément. Peut-être parce que le bombardement, arrêtant un tronçon de caravane, remplacerait un service d'ordre absent et diminuerait, en un temps, l'embouteillage, le
370 désordre, la pagaye. Cette pagaye est si totale et si continue et si parfaite qu'on n'ose l'attribuer entièrement au commandement, si désemparé qu'il soit, qu'on n'ose l'attribuer non plus à la préméditation des espions ennemis, si nombreux et organisés qu'ils soient.

375 J'ai sommeil. Des centaines de milliers d'évacués, de réfugiés, chassés par l'autorité ou partis volontairement, des centaines de milliers de nomades improvisés ont sommeil comme moi. Je vais, remorqué par les deux chevaux monumentaux du tombereau. Je n'ai jamais vu pareil paysage : un paysage de cendres. Il
380 est vaste, chétif et pitoyablement macabre. J'hésite devant ce mot : macabre, qui suppose on ne sait quoi de vigoureux dans l'horreur, on ne sait quoi d'insistant dans la mort. C'est peut-être les limbes[1] mais non pas des limbes blanchâtres et flous, des limbes en vérité dessinés d'un trait grêle. Ce n'est rien qu'un
385 pré, un pré plus triste que tous les prés du monde. Des chevaux immobiles regardent vers la route, méditent plutôt, laissent pénétrer en eux l'interminable défilé qui ne les étonne plus, mais qui les hypnotise. Et l'un deux, debout sur ses quatre pattes, l'encolure appuyée à un arbre, est un cheval mort.

390 Le tombereau avance et nous tire (je puis le dire aujourd'hui

---

1. Lieux mal définis. Dans la religion catholique, c'est là que séjournent les âmes des personnes avant leur Rédemption et celles des enfants morts sans avoir été baptisés.

en consultant une carte) sur un espace de trois ou quatre kilomètres. Et nous sommes à trois ou quatre kilomètres d'Ozouer-
sur-Loire. Mais je n'évaluais plus l'espace en kilomètres, ni le
temps en heures. Je ne percevais plus que des alternances entre
395 l'immobilité et le déplacement entre le jour et la nuit.

On s'arrête encore, au tournant d'une route environnée de
taillis, à cinquante mètres d'une maison isolée. Ma femme et
Andrée F... descendent de voiture, pour se délasser, pour
demander sans espoir aux habitants de la maison si l'on peut
400 trouver du pain ou du lait. Je reste seul appuyé au volant, je
goûte le silence. Le soir tombe, la lumière est triste et douce. Je
ne sais si je somnole ou médite. Et soudain, c'est un crépitement de mitraillade. Je ne sais pas exactement d'où il vient. Il
est proche et rase le sol. Toutes les notes de cette symphonie en
405 tac se détachent malgré la rapidité de la cadence, elles ont leur
plein de vibration. On dirait que tout l'espace s'est contracté en
un seul point et éclate en crépitements. Je ne vois rien que le
cul du tombereau et la route vide. Je n'ai pas le temps de méditer longtemps. Quelques obus éclatent je ne sais où, venus je ne
410 sais d'où. Le premier cheval du tombereau auquel je suis attaché se cabre ; le second l'imite par politesse. Et les voilà emball-
lés. Avouerai-je qu'une minute j'ai oublié ma femme et Andrée
F... ? Mon étonnement au premier crépitement des fusils-
mitrailleurs, c'était sans doute de la peur. Mais je n'ai plus peur.
415 Je suis entraîné par une force sur laquelle je n'ai point de pouvoir, à laquelle je suis directement lié, que dis-je ? attaché par
une corde. Ce fut si inattendu et si bref que je n'eus pas le

temps d'avoir peur. Ce fut irrésistible, comme doit l'être une chute du haut des tours de Notre-Dame. Et puis il faut le dire : l'exode était morne, comme était morne la guerre des tranchées, morne et monotone. Dans les tranchées de 1914, l'ennui dominait la mort. Je ne suis pas insensible à ce lyrisme élémentaire, qui tient du tableau de bataille et de ces jeux qu'inventent les enfants, quand ils attachent ensemble des chars improvisés et des chariots. D'autant que le premier cheval (les sabots des pieds de devant semblent légers dans l'air et suspendus si hauts) met à se cabrer un enthousiasme inspiré de la peinture historique et de la sculpture équestre. Il ne se cabre plus, il galope. On file. Il y a longtemps que je n'ai pas filé si vite. J'ai le sentiment de participer à quelque charge de *Reichshoffen*[1].

Ma prudence naturelle m'empêcha de goûter longtemps cette frénésie. Je dirigeai l'auto sur la dernière auto d'une file à l'arrêt. Mes ailes avant en emboîtèrent les ailes arrière. L'arrêt fut sec. Mais la corde avait cassé.

Devant moi le tombereau filait à grande allure. Il s'enfonça dans le fossé et je vis le cheval de tête couché sur le flanc au bord de la route.

Je sors de l'auto, dont l'avant est coincé. Derrière l'auto, un cheval mort. C'est l'un des chevaux d'un camion d'artillerie, qui, sans que j'eusse rien entendu ni perçu, s'est abattu, a

1. Terrible bataille lors de la guerre contre la Prusse en 1870 durant laquelle les cuirassiers français s'illustrèrent par une charge héroïque destinée à dégager l'armée française encerclée.

défoncé, et en partie, arraché une aile. Quand, comment est-il
tombé ? Je n'en sais rien. Par quel projectile a-t-il été touché ? Je
n'en sais rien. Sa tête est au ras de la route et déborde vers le
445 milieu de la route, où s'allonge un filet de sang. On ne peut
plus accéder à la voiture, si l'on vient de la maison, sans enjam-
ber la tête du cheval. Ma femme et Andrée F... avaient à peine
quitté la voiture que des soldats allemands s'alignaient sur la
route et, tirant au fusil-mitrailleur, fermaient tout passage vers
450 Lorris aux artilleurs français et aux civils mêlés. Elles se sauvent
dans un champ. Deux Allemands y prolongent la ligne des
mitrailleurs. L'un d'eux cesse de tirer et leur fait signe de se réfugier dans un petit bois à gauche du champ. Et il dit à l'autre, en
français, oui, en français, et dans un français assez pur : « Ne tire
455 pas... il y a trop de femmes et d'enfants... »

Mais le petit bois est loin. Elles courent jusqu'au fossé, où
déjà des gens sont accroupis, des femmes, des enfants. Deux
femmes, comme si elles récitaient des litanies[1] dans une cha-
pelle, répètent inlassablement, à haute voix : « Saint
460 Christophe... priez pour nous ». Un artilleur se dissimule parmi
les civils accroupis ou agenouillés. Mais le fossé est peu profond. Les dos dépassent. Elles se réfugient sous une camionnette. Mais leurs jambes dépassent et il leur semble que des
pierres, comme jetées à la fronde, rebondissent à leurs pieds.
465 Ma femme sent une brûlure au mollet. Ce n'est qu'une petite
plaie saignante, où s'est logé un éclat de métal. Mais deux che-

---

1. Prières répétées sur un ton ennuyeux.

vaux d'artillerie s'abattent, et leurs corps, masquant le bas de la camionnette protègent des balles ma femme et Andrée  F...

Ce fut l'espace de quelques minutes. Ma femme s'inquiète de
470 moi. Elle affirme qu'entraîné par les chevaux, j'ai été écrasé sous la voiture. Andrée  F... la rassure immédiatement.

Ma femme se dégage, en rampant. Le jour a baissé. On relève dans l'ombre quelques blessés, on les aide à monter dans des autos et des charrettes, qui font un demi-tour et filent dans la
475 direction de Lorris.

Les Allemands tirent encore, mais il ne semble pas qu'ils visent l'espace entre la route et la ferme. Un artilleur blessé à la jambe, pour aller jusqu'à la ferme, marche à cloche-pied, appuyé sur l'épaule de ma femme.

480 Je ne sais comment nous nous sommes retrouvés près de la voiture. À peine y sommes-nous assis qu'apparaissent en file indienne des Allemands casqués, armés de fusils-mitrailleurs. Ils ne viennent pas de la direction de Lorris, c'est-à-dire de Paris, mais de la direction d'Ozouer, c'est-à-dire de la Loire.
485 Non seulement, ils nous ont rattrapés mais ils nous ont dépassés et reviennent sur leurs pas. Ils n'ont fait que nous doubler par les bois.

Ils marchent à cinq mètres l'un de l'autre. Ils passent au ras de la voiture. Jamais, pendant la guerre de 1914, je n'ai vu, sauf pri-
490 sonniers, des Allemands d'aussi près. Aucun n'a le type du germain[1] costaud, fait de gros matériaux. Ils nous regardent en pas-

---

1. De Germanie.

sant. Nous les regardons aussi. Plus tard ma femme m'a dit : « Je ne pouvais croire que c'étaient des Allemands, ils me faisaient l'effet de guerriers japonais... » Cette logique poétique était juste. En effet, leurs traits sont tendus, crispés. Ils font sous le casque une grimace asiatique. Cela s'explique. Ils ont peur et ils avancent. Ce mélange d'inquiétude et de décision, c'est à proprement parler le courage militaire. Ils avancent sans que rien leur fasse obstacle. Ils en sont sans doute aussi étonnés que moi-même. Ils s'attendent sans doute à quelque piège. Ils ne sont pas plus d'une trentaine. La colonne fait halte. L'un des soldats s'arrête devant la portière. Sa tête nous apparaît dans l'encadrement de la glace. Ce tête-à-tête, cette proximité sont gênants. Et cette gêne surnage par-dessus l'inquiétude ou la peur. Cet homme, j'ai envie de le tuer ou de lui parler de la température ou de sa santé. Je ne sais quelles paroles ma femme murmura, pour conjurer le silence et la mort. Je lui réponds assez sottement : « Cet homme n'a aucune envie de nous tuer. » Pendant quelques secondes nous formâmes à trois un groupe en marge de la guerre. Peut-être même une fugitive sympathie passa-t-elle comme une ride sur l'eau entre lui et nous. Et il me sembla que sur son visage crispé, glissait comme l'ombre d'un sourire.

Gardés par deux soldats allemands, quelques civils sont massés au bord de la route. Ils ont les bras en l'air. Sur un signe des Allemands, les bras s'abaissent. Mais un jeune homme au visage dolent[1] lève obstinément les bras dans la position d'un mouve-

---

1. Plaintif, exprimant une souffrance (*dolere*, latin : souffrir).

ment gymnastique décomposé et laisse ses paumes ouvertes vers le ciel. Sans doute pense-t-il qu'un excès de précaution ne nuit pas, et sans doute, redoute-t-il que les Allemands ne l'ima-
520 ginent décidé à vendre chèrement sa peau. C'est lamentable et comique. Enfin, l'un des soldats, d'une main tapotant l'espace, le rassure d'un geste excédé : « Ça va... ça va. »

Quelques femmes sont groupées entre la façade de la ferme et l'infranchissable ligne de deux Allemands casqués. Sans
525 doute, elles ne peuvent plus supporter leur peur muette, leur peur immobile, l'inquiétude d'un risque qui ne se confond plus avec le bruit. Au reste, ici je ne prétends pas expliquer, je conte. En cet instant, elles lèvent les bras vers le ciel. J'ignore si elles se sont concertées, ou si le cri est sorti spontanément de leurs
530 gorges. Elles gémissent d'ailleurs plutôt qu'elles ne crient : « Fouillez-nous... fouillez-nous... »

Veulent-elles dire qu'elles ne cachent point d'armes sous leurs jupes, offrent-elles au vainqueur, pour l'apaiser, l'argent ou les bijoux qu'elles portent sur elles ? Est-ce une simple sup-
535 plication, un cri conjuratoire[1] ?

L'un des Allemands les regarde froidement et leur dit en fran-çais : « Vous êtes prisonnières... vous subirez le sort des femmes allemandes... »

Ce « vous subirez le sort » a je ne sais quoi de solennel, de
540 ridicule, un air d'exemple de grammaire. Et le sens m'en paraît obscur. Menace-t-il ces paysannes de la forte discipline germa-

---

1. Destiné à écarter le danger.

nique ou veut-il les apaiser, les persuader que les femmes allemandes ne sont pas, après tout, si malheureuses ?...

Cinquante mètres plus loin en direction d'Ozouer, quelques
545 artilleurs français sont massés les uns contre les autres, forment
paquet d'hommes, masse opaque et sans forme.

Les femmes serrées contre le mur de la maison leur crient :
« Rendez-vous... rendez-vous... il y a des enfants... » Inutile sup-
plication. Unanimement, avec simplicité, autant par ferme
550 décision que par peur, ils ont levé les bras.

Je n'estime pas beaucoup le courage militaire, mais j'ai eu
honte. C'est la seule fois, je crois bien de toute ma vie, où j'ai
senti en moi une personnelle volonté militaire, l'envie de me
battre.

555 Je conte ce que j'ai vu, ce que j'ai senti. Je ne tente pas une
reconstitution historique, ni un récit après coup, cohérent et
critique, d'opérations militaires. Je ne sais rien, en ces minutes,
de l'ensemble où cet épisode a sa place. Spectateur devant ce
mur de ferme, et me croyant prisonnier, je ne remarque même
560 pas que ces artilleurs, si peu guerriers, sont rassemblés là
comme une troupe de chiens errants, qu'aucun officier n'est
avec eux, qu'ils ne forment même pas une unité militaire. Et
j'ignore que les fantassins nomades des bords de route et les
artilleurs aux convois disloqués n'ont reçu qu'un ordre et qu'un
565 exemple qui, en clair, ne peuvent que se traduire ainsi : « Foutez
le camp où vous voudrez, où vous pourrez, et embouteillez le
département du Loiret... »

À peine les Allemands et ces artilleurs prisonniers ont-ils dis-

paru, qu'arrivent sur la route quelques camions à chevaux d'ar-
570 tillerie française. Un groupe d'Allemands cachés tire sur ce
convoi ; une prolonge[1] en queue du convoi se détache, oscille
et s'enfonce dans le fossé. Un artilleur court à la tête des chevaux, d'autres poussent aux roues. Un officier remplace
l'homme qui tenait la bride, relève la tête d'un des chevaux et
575 lui donne un appui sur le mors. Tout cela sous le feu.

Mais les femmes, près de la ferme, comme elles ont fait tout
à l'heure, crient à l'officier et aux artilleurs : « Rendez-vous...
rendez-vous !... »

« Nous n'avons rien à voir avec les civils... » répond l'officier,
580 un jeune lieutenant.

Elles crient, mais leur cri n'est qu'une lamentation. La peur,
une rage de peur les fait crier, leur souffle cette extraordinaire
ellipse :

« Lâches... lâches... rendez-vous... »

585 Les hommes sont penchés vers les roues, s'arc-boutent au sol,
le cheval se redresse une dernière fois dans un cabrage convul-
sif, retombe et, exténué ou touché par une balle, s'abat sur le
flanc. C'est alors seulement que les artilleurs renoncèrent, c'est
ainsi que ce soir-là l'honneur fut sauvé.

590 Il fait maintenant nuit noire. L'officier et les artilleurs reviennent vers la ferme. On m'a dit qu'un vieux paysan les avait
embrassés.

L'officier nous demande d'où venaient et dans quelle direc-

---

1. Véhicule d'artillerie.

tion sont partis les Allemands. On ne les voit plus. Ils sont
595 cachés dans les bois et ont avancé vers Ozouer.

Je distingue, malgré la nuit, les traits bien dessinés d'un
visage ferme et doux. Je ne me suis appliqué qu'à le renseigner.
Mais moi aussi j'eus envie d'embrasser ce jeune homme, qui
savait déjà peut-être que tout était perdu, mais qui voulait
600 perdre noblement.

J'ai conté ces épisodes détachés, séparés les uns des autres.
Un peu plus de topographie[1], c'eût été plus clair peut-être, mais
faisait style de rapport et ralentissait, faussait davantage le récit.
C'eût été plus clair encore si j'avais tenu compte de ce que nous
605 avons appris plus tard : à savoir que les Allemands connaissaient
parfaitement le terrain, ainsi que l'importance, l'itinéraire et
l'échelonnement de nos convois. D'autre part une transcription
brute de l'événement est impossible. L'événement, l'émotion, le
jugement se mêlent. Si fidèle que soit le rapport, il donne un
610 commencement et une fin à ce qui n'en a pas, et c'est déjà traduire en théâtre. Il explique et justifie l'événement qui ne s'accompagne ni de commentaires ni d'explications et qui n'a nul
souci de justification logique.

Lorsque cessa la mitraillade, lorsque vint le silence du soir,
615 j'éprouvai une sorte d'absurde satisfaction ; pendant la guerre
de 1914, pendant des mois de tranchée, je n'avais rien vu qui
ressemblât autant à la guerre selon la légende et l'image.

J'ai peine aujourd'hui à me figurer comment nous conce-

---

1. Représentation des lieux (*topos*, grec : lieu).

vions la situation militaire, la distance que nous supposions
620 entre le gros de la troupe et nous. Je crois que nous croyions très
fort aux motocyclistes ou même aux parachutistes d'avant-
garde, détachés comme autrefois les éclaireurs de cavalerie.
Ainsi, au début de la guerre de 1914 on avait vu d'inoffensives
patrouilles de uhlans[1]. Nous n'imaginions pas du tout la
625 défaillance totale des troupes françaises. Nous les supposions
attendant l'ennemi sur l'autre rive de la Loire. Et tous les
convois qui nous avaient dépassés ne pouvaient avoir qu'une
mission : renforcer la résistance sur la Loire.

Témoins d'un incroyable désordre, nous n'en mesurions pas
630 les effets. Cette fuite, ce mélange d'armée et de civils, citadins
et paysans, nous apparaissait comme une maladie aiguë,
comme un orage. Un absurde espoir naissait d'une non moins
absurde logique, presque instinctive, d'une bizarre négation de
l'évidence. Au terme de cette déroute, il n'était pas possible que
635 rien ne fût prévu. Cette déroute même était la preuve que le
commandement avait ailleurs pris des mesures. Cette négli-
gence ici était la preuve de sa vigilance ailleurs. Et qui sait si les
Allemands, qui gagnaient sur nous de vitesse, qui étaient à nos
talons, n'étaient pas attirés dans un piège ? Peut-être nous
640 feraient-ils prisonniers ? Mais nous étions convaincus que nous
serions pris, mais non pas la France.

Nous entrons dans la ferme. Elle est pleine d'un peuple sans
cohésion : on dirait des paysans et des promeneurs citadins sur-

---

1. Soldats de la cavalerie armés d'une lance.

pris par l'orage. La ferme n'est plus à personne, ses habitants
sont partis. De vieilles gens sont assis sur le banc derrière la
table. Sur un lit, au fond, un soldat blessé est étendu ; il fut touché au bras et près du cœur. Il saigne. Il ne répond pas aux
questions. On ne sait pas s'il va mourir. Une vieille femme, au
moins octogénaire, assise sur une chaise, dans un angle, ne
songe qu'à se lever et à faire sur la route un bout de promenade.
Sa famille la surveille avec bienveillance et fermeté. Elle se lève
à demi, me désigne le lit du blessé, caché par des gens qui errent
dans la salle : « Je voudrais bien savoir, dit-elle, comment va ce
jeune homme… » Je trouve une place sur le banc, je m'appuie
du coude sur la table et je dors.

On ne peut songer à partir par nuit noire. On ne peut pas
dormir dans cette foule. Nous décidons d'aller nous reposer
dans le fenil[1], auquel on accède par une échelle. Le fenil est
cimenté et ne contient ni foin ni paille. N'importe. Être
allongé, c'est un luxe. Mais à l'autre bout du fenil, une vieille
femme, sur un ton à la fois de fureur et de litanie, hurle à sa bru
et à son fils, sans arrêt, sans aucune pause, des injures et des
reproches.

Entre nuit et aube, nous décidons de partir, nous quittons le
fenil.

La voiture est encastrée entre le cheval crevé du camion d'artillerie et l'arrière d'une autre voiture, laquelle s'emboîte dans
une autre encore, laquelle est également coincée et ainsi sur

---

1. Lieu où l'on stocke le foin.

deux cents mètres. Si même je parviens à l'extraire de cette
inextricable file, nous n'irons pas loin, le réservoir est presque
vide. Un cycliste grelotte et, en bras de chemise, nous demande
si nous ne pourrions pas lui donner une veste, une couverture.
Nous ne disposons que d'une couverture de lit en laine
blanche. Il la croise sur ses épaules et s'en va à pied, penché sur
sa machine et pareil à un fantôme.

Nous délibérons dans cette aube de suie, à côté du cheval
crevé, qui ne compte guère plus pour nous maintenant qu'un
talus ou qu'une borne kilométrique. Un instant nous décidons
de partir à pied. Il faut ouvrir toutes les valises, réunir un peu
de linge dans la plus petite. C'est compliqué comme un déménagement. Je suis lâche, comme tous les hommes, devant un
déménagement. Je m'en désintéresse. Je n'ai qu'un souci : c'est
d'emporter *Terre des Hommes*. Non pas parce que cet exemplaire est de luxe, de haut luxe. Je n'ai qu'un maigre respect
pour les belles éditions. Mais parce que Saint-Exupéry me l'a
donné, parce que le beau papier, les pages non rognées ne sont
pas richesse et vanité, mais amitié. Parce que Saint-Exupéry y a
écrit, de son aérienne écriture, quelques mots où mon amitié
comme à une source se désaltère, quelques mots dont je serais
fier, si l'amitié n'était au-dessus de l'orgueil.

Je dois à *Terre des Hommes* autant d'inquiétude que de joie.
Quand il me fallut demander asile, je confiais mon livre à
l'hôte, qui le cachait au plus haut rayon d'une armoire, sous
une pile de draps. Puis, ayant réfléchi, croyant que je pourrais

reprendre la route, il me semblait qu'il serait plus en sécurité, si je l'emportais avec moi. Ne pouvant partir, je le confiais à l'hôte de nouveau. Et je le reprenais. Saint-Ex, que vous avez compliqué notre exode !

S'il faut abandonner la voiture, on l'abandonnera plus loin. De toute façon, elle sera pillée. Autant utiliser jusqu'à la dernière goutte d'essence. Je ne sais plus comment nous l'avons dégagée. Mais sur un marchepied, un homme se lève et nous aide. Sa femme et ses cinq enfants ont disparu la veille, pendant la bagarre. Il faisait la route avec deux familles amies, réparties en deux voitures. Les deux conducteurs en ont disparu.

La bagarre de la veille a désencombré la route. Nous roulons librement. Je me souviens seulement d'une paysanne hurlant et se roulant au sol ; un homme tentait de la maintenir. Nous arrivons à Ozouer. Mais, au milieu du bourg, la route, criblée de trous d'obus, est infranchissable. Nous nous engageons dans un chemin, qui conduit aussi à Gien, au pont de Gien, à la Loire qui arrête les armées ennemies.

Des autos abandonnées au bord de la route, des autos au fossé, sur leurs roues ou couchées, j'ai peu parlé ou pas du tout. Ainsi je n'ai pas donné la juste image d'un paysage semé d'autos, comme un terrain vague, de boîtes de conserve. De ceux qui les ont abandonnées je n'ai rien dit non plus. Mais je ne simulerai point à distance une pitié que je n'éprouvais plus et qui s'était transformée en froide constatation. Des hommes, des femmes, des enfants avaient passé à l'état de piétons. Ce n'était plus rien qu'un changement de groupe aussi indifférent qu'une permutation militaire. J'avais acquis l'indifférence du soldat ou de l'émigrant.

Passé Ozouer, des charrettes et des autos retournent dans la
725 direction d'Ozouer et de Lorris, donc s'éloignent de la Loire. On nous crie qu'on ne passe plus la Loire et que le pont de Gien a sauté.

Ma femme décide de passer la Loire, coûte que coûte, n'importe comment, à la nage au besoin. Je l'admire de préméditer
730 encore et prétendre agir sur le destin. Tout me paraît si absolument incohérent qu'il me semble désormais impossible d'y introduire un calcul ou une volonté humaine.

Le pays est nu et semble inhabité. On n'y voit que des fuyards, des nomades. Ce pays, c'est une piste de désert.

735 Un avion passe au-dessus de nous et nous mitraille par à-peu-près, sans trop insister. Fuites au fossé et dans les bois.

Un quinquagénaire gémissant, médecin aux environs de Paris, a abandonné sa voiture, faute d'essence. Il n'a emporté ni valise, ni musette, ni paquet. Il y a une consolation dans le
740 désespoir, qui est de se séparer de tout, d'être réduit à soi-même. Celui-ci n'absorbe point dans la misère de tous sa propre misère. Il s'y réfugie, il se réfugie dans la plainte, dans ses larmes. Il est seul, il erre, il va devant lui. Il gémit pourtant d'avoir abandonné je ne sais plus quel bouquin. C'est touchant
745 et un peu comique, car je me souviens qu'il s'agissait d'une de ces éditions de luxe avec illustrations de pacotille, telles qu'on en fabriqua en série après la guerre de 1914.

J'avais rassuré deux paysannes, accompagnées d'une petite fille, qui venaient je ne sais d'où. Je leur avais dit, sans en rien
50 savoir, tout à fait au hasard, que nous avions très peu de chances d'être touchés par les balles de l'avion. Nous nous contons nos malheurs. Elles nous proposent de nous réfugier avec elles dans une ferme abandonnée, écartée du chemin. Les Allemands n'auront pas l'idée d'y passer. On y vivra « en attendant ». Il y a
55 des lits et de la paille et des pommes de terre, dans un champ tout contre la maison. Des poules picorent encore dans la cour. Et une vache, inquiète dans le pré, ne demande qu'à être traite.

Beaucoup de gens ont ainsi vécu, des jours après des jours. Ce projet n'était pas absurde. Mais les Allemands ne négli-
60 geaient ni les chemins détournés ni les maisons isolées. Ce projet de vie rustique, en marge de l'exode, me séduit. Mais nous voulions passer la Loire.

Ma femme apprend d'un vieux paysan qu'il y a à proximité un moulin et un passeur. Notre décision est prise. On priera le
65 meunier de garder la voiture et nous passerons avec trois petites valises, qu'on fera les plus légères possible, puisqu'il faudra ensuite aller à pied.

**BIEN LIRE**

**Chapitre 2**

• Notez que le narrateur est capable d'un véritable retour sur lui-même et qu'il ne s'épargne pas (l. 36-42).

• Remarquez que le narrateur a une réaction originale par rapport aux bombardements (l. 210-213).

• Retrouvez la phrase qui fait référence au titre du chapitre (l. 396-431).

• Quelles sont les justifications que donne l'auteur de ses choix narratifs (l. 601-613) ?

## 3
## LES DOUCIERS. CINQUIÈME COLONNE

Ce paysan était un conteur arabe. Sur ses indications, nous trouvons, à cinq cents mètres de la Loire, une cour sableuse et une maison basse. Il y a bien un vieux moulin, pas très loin, mais on n'y moud plus depuis longtemps. Le passeur, c'est un
5 Parisien réfugié là depuis la veille et qui a fait franchir la Loire à quelques soldats.

J'apprends cela d'une dame très brune, un peu réticente et qui fait en parlant de petites mines. C'est à elle que la maison appartient. Son mari est resté à Courbevoie, où il dirige une
10 usine. Leur appartement a été bombardé, les bombes y ont fait d'importants dégâts et en particulier brisé des glaces, qui valent quatre mille francs pièce. Il est bien vrai qu'un Parisien, qui est de ses relations, a passé quelques soldats et qu'il consentira peut-être à nous passer aussi. Elle consent à prêter l'une de ses
15 barques, à condition cependant que l'autre, qu'un fuyard a laissée sur l'autre rive, puisse être ramenée. Car chacune de ces barques vaut trois mille cinq cents francs, « et trois mille cinq cents francs ne sont point une somme que l'on jette à la Loire ».

J'apprends aussi que deux soldats ont emprunté une échelle
20 pour passer la Loire. Ils se sont mis à l'eau, accrochés aux montants. Mais l'un d'eux s'est noyé.

J'admire les fleurs de quelques rosiers plantés face à la maison de l'autre côté de la cour. Je les admire de bonne foi et pour

faire ma cour, car je suis l'hôte, le suppliant. J'apprends qu'elles
25 ne poussent que grâce aux soins d'un vieux jardinier, un vieux
brave homme, mais qui n'avance guère au travail et qu'elle paye
sept francs de l'heure.

Je suis, je l'avoue, un peu gêné par cette évaluation chiffrée
de tous les objets, par cette transcription de l'univers en prix de
30 revient. Il me paraît trop simple de n'y voir qu'un signe de vul-
garité personnelle et de mauvaise éducation. Cela est irrésistible
et persistant comme un tic, je pense que ce doit être une sorte
de maladie.

Au reste, l'accueil de Madame Soutreux n'est point sans une
35 sorte de gentillesse un peu mignarde[1] et contractée, une gentillesse sans cordialité. Mais de quel droit exigerions-nous, après
tout, qu'elle nous donne son cœur ? Elle ne nous refuse point
l'accès de sa cour. Elle nous présentera un passeur mystérieux et
bénévole, elle consent à ce que nous laissions notre voiture dans
40 sa cour à condition, bien entendu (cela va de soi et comme de
juste) que cela ne soit pas pour trop longtemps... Elle accepte
aussi de garder chez elle quelques objets qui nous sont précieux.

D'ailleurs c'est elle qui possède le secret de la Loire, c'est elle
la divinité de la Loire. Et nous voulons à tout prix passer la
45 Loire. Pour passer la Loire, je suis prêt à toutes les concessions,
à toutes les complaisances. C'est ainsi que je lui propose d'aller
chercher à la nage la barque de trois mille cinq cents francs res-
tée sur l'autre rive.

---

1. Faussement délicate.

Nous préparons nos paquets pour la traversée et pour notre
50  nouvel exode à pied.

Mais un duel d'artillerie s'engage par-dessus nos têtes. Les
obus français tombent près d'Ozouer et les obus allemands sur les
villages évacués de l'autre rive. Une fusée tombe dans la cour.

On ne peut plus songer à passer la Loire.

55  Madame Soutreux offre l'hospitalité. Elle nous autorise à rester dans sa cour et à coucher dans la voiture.

Nous sommes les inconnus. Nous avons surgi dans cette
maison écartée de la route, à laquelle on n'accède que par un
mauvais chemin à ornières. C'est une ancienne ferme compo-
60  sée d'un rez-de-chaussée de plain-pied avec la cour, et d'un hangar surmonté d'un fenil. Sa transformation en pied-à-terre pour
Parisiens du dimanche est toute récente. Une seule pièce en est
déjà meublée, qui sert à Madame  S... de salle à manger et de
chambre à coucher. Les murs des autres pièces n'ont pas encore
65  été tapissés et les portes ne sont pas encore peintes. Dans l'une
de ces pièces il y a un sommier.

Madame Soutreux n'habite point seule dans cette maison
assez vaste et point encore aménagée. Des gens circulent dans
la cour et dans la maison qui semblent familiers avec les lieux
70  et « pleinement autorisés ». Le plus médiocre observateur saisi-
rait immédiatement qu'ils forment un groupe précaire[1], et
qu'ils sont étrangement dissemblables. Quelques-uns sont à
peu près inclassables. La plupart des romanciers s'appuient sur

---

1. Instable.

un fond de mœurs stables, bien définies. Leurs personnages se
75 rapprochent ou s'éloignent de la coutume. Mais en France,
depuis 1914, les préjugés sont affaiblis autant que les principes.
Les mœurs et les rapports de société ont perdu toute solidité.
Les personnalités faibles sont devenues incohérentes et cette
incohérence leur prête une apparente originalité.

80 Pendant huit jours, nous avons vécu avec des gens, dont
quelques-uns nous paraissaient à peu près inexplicables. Du
moins assez surprenants pour que nous ne puissions immédiatement les définir. Je dis qu'un Balzac seul – et encore,
l'époque le lui permettrait-elle ? – pourrait laisser à ces gens leur
85 caractère et les ramener en même temps à quelque unité.

Seuls les Aufresne sont d'une parfaite lisibilité et leurs sentiments sont ici les seuls qui ne nous soient point étrangers
autant que ceux d'un Martien ou d'un Sélénite[1]. Ancien chef
de rayon dans un grand magasin, Aufresne s'était mis à son
90 compte. Lourd d'aspect, c'est un type courant de Français à
idées moyennes, qui a gardé des vertus de famille, mais qui n'en
a ni conservé ni acquis d'autres et qui n'a point connu, depuis
1920, d'autre inquiétude et d'autre poésie que celles de l'auto
et des hostelleries. Mesuré dans ses paroles, assez ferme même.
95 Mais non pas sans courage. C'est lui qui aide des soldats français à passer la Loire. Et il en connaissait le risque, en cas de
dénonciation ou d'arrivée soudaine des Allemands.

Sa femme n'était ni sans finesse ni sans charme et la suite de

---

1. Qui vient de la Lune.

ce récit montrera qu'elle n'était point sans cœur. Ils étaient arri-
100 vés la veille, avec leur fille, une très jeune femme et leur petit-
fils, un bébé de deux ans.

Ils n'avaient point quitté Paris à destination des Douciers,
mais Aufresne s'était souvenu, au pire d'un embouteillage et
une bielle coulée[1], qu'il était en relations avec Monsieur
105 Soutreux et qu'il connaissait l'emplacement des Douciers, où il
avait passé un dimanche. Ils couchent dans le hangar.

Madame Lerouchon, femme d'un garagiste, est installée aux
Douciers depuis assez longtemps. Mais elle vit avec sa mère
dans une roulotte remorque, garée dans le pré, qui prolonge
110 immédiatement la cour. Elle est de Metz et parle l'allemand
aussi couramment que le français. Madame Lerouchon ressemble à une lutteuse foraine, elle en a la masse et le mufle[2]
mafflu[3]. Elle ne sait pas parler sans crier et ne sait pas crier sans
l'accompagnement d'une pantomime forcenée[4], d'une panto-
115 mime qui n'est point seulement gesticulation, mais propulsion
de tout le corps en avant, propulsion de la tête et propulsion
simultanée et distincte des lèvres. Elle parle, comme aboient ces
chiens de ferme, chez qui l'aboiement n'est pas un signe de
colère mais d'excitation et qui remuent la queue en même
120 temps qu'ils donnent de la voix. Rien ne m'a permis de dire que
cette femme fût méchante. C'est pire ou c'est autre chose.

---

1. Pièce du moteur d'une voiture détruite par manque d'huile.
2. Extrémité du museau de certains animaux.
3. Bien rebondi.
4. Attitude exagérée, dénuée de sens.

Sa nièce ressemble aux *Gretchen*[1], telles que l'imagerie française les représentait vers 1891 : œil dit de porcelaine et nattes
blondes.

125 Dans la cour, dans la maison, circule un vieillard affairé, toujours coiffé d'un chapeau mou noir et couvert d'un pare-pous-
sière presque blanc. Son visage amaigri fait tête de mort, mais
tête de mort dépouillée de tout macabre, tête de mort sans vie
ni mort, tête de mort ganache[2]. Son accent méridional, pour
130 authentique qu'il soit, est si excessif qu'il en a l'air simulé. Tout
le monde l'appelle « le vieux Monsieur » et personne ne lui
connaît d'autre nom.

Il parle beaucoup de son fils, mécanicien, qui est sur la route
et répare charitablement les voitures en panne.

135 La guerre lente des premiers mois, telle que je l'avais vécue à
Paris, il me semblait qu'elle fut parfois pour les Parisiens
comme une guerre éloignée dans le temps, une guerre refroidie
par un manuel d'histoire. Les tout premiers jours j'avais
entendu un épicier de Combs-la-Ville, qui devait le lendemain
140 rejoindre son dépôt, déclarer, en collant des bandes de papier
sur ses vitres, qu'il espérait bien couper la cabèche[3] à Adolphe.
Je n'entendis plus rien de semblable et je n'y vis que le calme
d'un peuple maître de lui. L'Allemand ne coupait plus les mains
des enfants. Le Français ne possédait plus la tartine de confiture
145 magique, où les Allemands venaient se coller comme mouches

---

1. Prénom féminin qui désigne par extension une jeune fille allemande.
2. Sans intelligence.
3. Tête.

sur la glu et si absolument efficace que toute stratégie et toute tactique en devenaient superflues. On ne mesurait pas facilement les passions du peuple. Mais il semblait que le peuple conçût clairement que l'Allemand était, dans ces minutes de
150 l'histoire, l'ennemi. C'est chez Madame Soutreux que pour la première fois je compris qu'il en pouvait être autrement.

Tête, bouche et lèvres en avant, Madame Lerouchon hurlait sur un ton de scène de ménage :

« Vous croyez tout ce qu'on vous dit sur Hitler. Mais on ne
155 vous a rien dit sur Chamberlain. » Et, la voix sur un plus haut registre, le dernier mot poussé à la façon d'un ténor[1], qui se hisse vers l'ut[2], elle répétait : « On vous l'a dit... on vous l'a dit... on vous l'a dit... on vous l'a dit qu'Hitler était méchant... Mais qu'en savez-vous ?... Quel mal voulez-vous qu'il vous fasse ?... »
160 Madame Lerouchon était apparemment en proie à la fureur. Mais ce n'était pas une fureur sacrée. C'était en quelque sorte une fureur bonne fille, une fureur de colère, une fureur sans méchanceté.

Avec quelque puissance plébéienne[3], mais avec une répu-
165 gnante trivialité[4], elle montrait un Chamberlain féroce et un Hitler brave homme, elle traduisait en images d'Épinal[5] les thèmes de la radio de Stuttgart.

Il n'est pas possible que Madame Soutreux ait saisi notre éton-

---

1. Chanteur possédant la voix la plus élevée chez les hommes.
2. Do.
3. Du peuple.
4. Grossièreté.
5. Imageries populaires, clichés.

nement et notre dégoût. On eût dit qu'elle voulait expliquer et
170 commenter les paroles de Madame Lerouchon. C'était un autre
ton, un petit ton sucré. Elle parlait lèvres serrées. Et ses paroles
étaient beaucoup moins lyriques, sans passion apparente. Elle
aussi justifiait Hitler et l'Allemagne, mais avec une apparence
d'impartialité[1] et par le moyen de ces abstractions historiques,
175 qui sont à la disposition de tous les lecteurs de journaux.

« On a, disait-elle, privé l'Allemagne de toutes ses colonies,
c'était l'obliger à préparer sa revanche. L'Allemagne a un besoin
d'expansion, proportionné à sa population. Il ne faut pas
entendre qu'une cloche, il faut voir des deux côtés... Il faut
180 comprendre que les Allemands sont des organisateurs... »

Après une semaine d'inquiétude et d'insomnie, nous trou-
vions un répit, un asile dans une maison française. Les paroles
que nous y entendions semblaient hallucinatoires. Mais je ne
cherche pour l'instant aucune explication, je conte avec scru-
185 pule et dans l'ordre brut de la réalité. Je me souvenais, tandis
que parlaient les deux femmes, que les tribunaux militaires de
Paris avaient condamné, à des mois, à des années de prison des
« défaitistes » dont quelques-uns n'avaient exprimé que des
doutes innocents. J'avais assisté à l'une de ces audiences. On y
190 jugeait avec sévérité de pauvres bougres, d'un dessin incertain,
qui avaient affirmé devant le zinc[2] d'un bistro que des trains de
blessés descendaient vers Paris. Et j'entendis condamner à cinq
ans de prison le pasteur Roser qui avait affirmé que l'Évangile

---

1. Objectivité.
2. Comptoir.

et la guerre n'étaient point conciliables. Mais ces deux femmes
195 témoignaient de leur dévotion à l'Allemagne, sur un ton qui
n'avait rien de confidentiel, sans en rien dissimuler et comme si
elle eut été la manifestation d'une vérité orthodoxe[1].

C'est alors qu'apparurent dans la cour deux soldats allemands. Armés, sans doute, mais isolés, ne redoutant ni ne
200 menaçant personne, en quelque façon des promeneurs. Ils me
parurent plus redoutables que ceux qui, la veille à Ozouer,
tiraient au fusil-mitrailleur. À Ozouer nous étions mêlés aux
risques, aux hasards de la guerre. Nous étions dans la violence
et le bruit de la guerre, dans une incertitude qu'un homme qui
205 ne craint pas trop la mort peut dominer. Mais ces deux soldats
isolés, c'était toute une armée sur tout un sol, nous étions tous
les prisonniers de ces deux soldats. Ceux d'hier pouvaient nous
tuer, ceux-ci pouvaient nous humilier.

Ils ne voulaient que remplir leurs bidons de l'eau du puits.
210 Mais Madame Soutreux ne l'entendit point ainsi. Elle descendit
à la cave et leur apporta une bouteille de vin. Elle engagea avec
eux une cordiale conversation. Elle parlait l'allemand si couramment que je ne pouvais, de ses paroles, détacher un seul mot.

Les deux Allemands se penchèrent en même temps vers le
215 bébé des Aufresne et l'un d'eux le prit dans ses bras. J'ai toujours vu, depuis, les soldats allemands manifester devant les
enfants une vocation de nurse et le plus vif attendrissement. Je
ne prétends pas du tout que cet attendrissement soit simulé. Je

---

1. Conforme à ce qu'il est de bon ton de penser.

ne crois pas davantage qu'il soit le moins du monde profond.
220 Et je suis sûr qu'ils y mêlent soit une part d'inconscient caboti-
nage[1], soit une part de décision concertée. L'Allemand
témoigne ainsi de sa haute civilisation. Et la gentillesse de ceux-
ci envers ce bébé n'était point tout à fait exempte d'une intention de propagande et de démonstration. Le soldat qui avait
225 pris l'enfant dans ses bras le déposa à terre et lui dit : « Tu vois...
*Tes Poches... Tes Parpares*[2]... » Cela, il va de soi, était à notre
adresse, s'adressait à nous et non pas à Madame Soutreux, qui
faisait groupe avec eux et semblait triompher de la bienveillance
de ses hôtes casqués.
230 J'ajoute que je n'ai jamais vu un Allemand, avant de saisir un
enfant dans ses bras, s'inquiéter de savoir si cela était ou non
agréable aux parents. On croirait que l'enfant leur appartient
par droit de conquête.
Une demi-heure plus tard, deux autres soldats pénétraient
235 dans la cour. Madame Soutreux ne nous avait point accueillis
avec une bienveillance aussi peu réticente, aussi expansive. Elle
s'animait, elle était en état de jubilation[3]. Et je me demandais
si cette jubilation lui venait de parler avec des Allemands ou de
parler allemand. J'en venais à me demander si Madame
240 Soutreux n'était pas simplement une maniaque des langues
étrangères. C'est alors que je fus le témoin d'un de ces spec-
tacles dont on dit qu'on n'en croit pas ses yeux. Madame

---

1. Attitude qui consiste à vouloir se faire remarquer.
2. « Des Boches... Des Barbares... ».
3. Très grande joie se manifestant sans retenue.

Soutreux revenait de la cave et elle apportait deux verres et une
bouteille de champagne. Et elle versa elle-même le vin dans les
245 verres que lui tendaient les deux soldats. Et elle les regarda boire
avec un souriant attendrissement.

« *Ponne Gualité...* » dit un des soldats pour la remercier.

Ce fut ainsi, pas autrement.

Une heure après, un autre soldat entrait dans la cour. Il
250 n'avait pas de chance : la Soutreux n'était plus là. Il n'eut que de
l'eau.

Il était suant et titubant, non d'ivresse, mais de fatigue. Bras
en avant, il tendit vers nous deux bidons. Je ne sais pas encore
le sens qu'il donnait à ce geste. Demandait-il où était le puits ?
255 Ou, seigneur de la guerre, nous ordonnait-il de lui apporter de
l'eau, de les remplir nous-mêmes ? Aufresne prit les bidons,
alla au puits, les remplit, les rapporta au soldat. Son visage était
contracté, congestionné. Mais ce visage n'est pas de ceux où on
lit facilement. En cet instant, ni plus tard, nous n'avons
260 échangé là-dessus aucun mot. Je pense qu'il se disait à lui-
même : « J'obéis à la loi du vainqueur... je cède à la
contrainte... » Je me dis en moi-même : « Je me serais plutôt
fait tuer que d'aller chercher de l'eau à ce soldat ». Je suis sin-
cère et je mens. Si le soldat avait braqué sur moi son arme, je
265 serais allé au puits et j'aurais rapporté les bidons. La vérité est
que, dans cette minute et pas une autre, ce soldat et non un
autre, si je lui avais du doigt désigné le puits, y serait allé sans
discussion remplir ses bidons. Mais tout eût été différent si le

soldat eût été un voyou ivre ou si le commandement avait
décidé d'inspirer la terreur.

Débat puéril... dira-t-on. Le cas est mince, mais le débat est
essentiel. La mesure de la dignité n'est pas arithmétique. Plus
l'événement est petit, mieux on saisit les nuances de la liberté
et de la dignité. Je sens dans cette minute que j'appartiens à un
peuple qui connaissait ces nuances. Je me souviens que lorsque
je faisais mon service militaire, un adjudant me héla dans la
cour et me donna l'ordre d'aller dans sa chambre cirer ses souliers. Je refusai. Ayant épuisé les menaces des rigueurs du Code
militaire, l'adjudant céda à l'étonnement et à une sorte de
curiosité qu'il me faut bien appeler psychologique. Je lui expli-
quai que l'acte de cirer des souliers ne me paraissait en aucune
façon indigne de moi, que je cirais volontiers les souliers de
mon camarade de chambrée, s'il était en retard pour une revue
ou trop saoul pour accomplir lui-même cette tâche, mais que je
ne cirais pas les souliers par ordre. Je ne fus ni fusillé ni puni.

À la tombée de la nuit, la canonnade[1] recommence. J'ai
oublié de dire que la maison n'est pas construite sur caves, que
ce que j'ai tout à l'heure appelé cave n'est qu'une sorte de cellier, au niveau du rez-de-chaussée. Nous nous y réfugions, les
Aufresne et nous, Madame Soutreux et la Lerouchon. C'est
alors que nous vîmes surgir de l'ombre deux soldats. Je ne sais
si ce sont les mêmes que l'après-midi, si ce sont les soldats du

---

1. Coups de canon répétés.

vin ou les soldats du champagne ou de nouveaux soldats, s'ils viennent de leur propre inspiration ou si quelque autorité les délégua. Je ne le sais pas et ne le saurai jamais. Ces soldats expliquent en allemand à la Soutreux et à la Lerouchon que la maison est menacée par le tir, qu'il est imprudent d'y rester et nous font signe à tous de les suivre.

Nous voilà donc sous la protection des Allemands. J'ai grande envie de rester. Mais je pense que je dois choisir pour ma femme le moindre risque. Et d'ailleurs la Lerouchon me crie, bonne fille : « Venez donc… il ne s'agit pas de politique… » Je ne sais pas si mes sentiments sont ou non politiques. Mais je cède au ridicule du mot historique et je réponds à la Lerouchon qu'en cet instant elle ne peut imaginer comme je préfère les soldats français aux soldats allemands. Je crois même que j'ai eu la faiblesse d'ajouter qu'il ne s'agissait ni de politique ni de patriotisme, mais de dignité… Ma femme, avec beaucoup de sagesse, me fait taire.

Nous suivons les Allemands. Nous traversons des prés. Il fait sombre. Nous n'avons rien mangé depuis le matin. L'un des prés est coupé par un fossé profond d'au moins deux mètres. Les soldats descendent, enfoncent dans l'eau jusqu'à mi-jambe. L'un d'eux prend le bébé dans ses bras. Ils aident les femmes à passer.

Nous arrivons à une ferme, où les Allemands cantonnent[1]. Nous nous asseyons sur les marches d'une sorte de perron. De lourdes ombres passent dans la cour. Quelques-unes de ces

---

1. S'installent, prennent leurs quartiers.

ombres s'approchent, forment groupe avec nous. La conversation est à répliques rapides entre ces ombres, la Soutreux et la
320 Lerouchon.

La Lerouchon ne manque point de nous traduire l'essentiel
de cette conversation. Les Allemands la renseignent sur la
guerre. Elle nous crie, sur un ton de triomphe : « Ils ont bombardé Dreux, ils ont bombardé Juvisy... » Elle nous crie cela
325 comme si elle nous annonçait à la fois une victoire de son pays
et une victoire personnelle. Puis on n'entend plus que des sons
rauques et sourds à la fois, un déferlement d'accents toniques.
La Lerouchon ne traduit que ce qui est source de jubilation.
Soudain elle crie en français :

330   « Vous savez... un général français s'est rendu... Il est allé se
rendre tout seul... »

J'ai vu Madame Aufresne pleurer. Elle m'a dit plus tard
qu'elle pleurait de honte.

Les Allemands se sont éloignés de nous. Ils apportent de la
335 paille, dans une sorte de cellier. Ils l'étendent sur le sol, sur des
tonneaux. C'est l'asile qu'ils nous destinent pour la nuit.

La Soutreux et la Lerouchon parlent entre elles en allemand
à voix haute. En vérité, où est l'Allemagne, elles se croient trop
chez elles. Elles oublient qu'elles ne sont que des invitées. Un
340 sous-officier leur intime[1] brutalement l'ordre de se taire. Il a
raison, après tout.

Nous nous couchons sur la paille, les uns par terre, les autres

---

1. Ordonne.

sur les tonneaux. Vers trois heures du matin, je ne sais qui déclare que les points de chute se rapprochent et que notre abri n'est guère solide. Nous filons à travers champs. Les obus sifflent... Leur bruit ne m'est point agréable. Mais, passé le sursaut que provoquent les premiers éclatements, il m'est impossible de ne pas annuler les obus. J'arrive très difficilement à dominer cette idée que les obus n'appartiennent pas à mon univers personnel... Je n'ai point avec eux de commun langage. Ce jeu d'artillerie m'est aussi étranger que le jeu de belote.

Déjà, avant Lorris, couché sur l'herbe, ayant mal aux épaules, tandis que les camions défilaient interminablement, je retrouvais en moi le soldat, le soldat de 1915, perdu dans l'événement. Mais c'était encore une sorte de camping, et que j'imaginais provisoire. Maintenant il n'y a plus en moi que désolation et frigidité[1]. Oui, tout est comme congelé en moi... Je me retrouve l'âme, la torpeur et les passions d'un soldat. J'ai sommeil, j'ai faim et je suis plein de certitudes. La guerre de 1914 était timide en ses buts, modestement territoriale, modestement économique. L'enjeu, cette fois, c'est la totalité de l'homme et la totalité des hommes. Si vaste que, pour l'exprimer, la foule et ses maîtres ne trouvent plus de symboliques mensonges. Les conducteurs de cette guerre n'ont point inventé de mains coupées, la foule non plus.

Nous atteignons une ferme autour de laquelle campent des soldats allemands. Des réfugiés la quittent ; ils ont rassemblé

---

1. Incapacité à ressentir de la joie, du bonheur.

leurs paquets sur une brouette. D'autres réfugiés s'y sont installés. Dès qu'ils ont compris que nous ne sommes que des hôtes
370 de passage, ils nous font bon accueil et nous offrent du café.

Nous dormons jusqu'à l'aube dans la grange. J'erre dans la cour. Un soldat allemand vient à moi, me parle avec gentillesse, mais je n'arrive pas à le comprendre. Cependant nous nous accordons sur cette idée sans complication que la guerre est une
375 triste chose, *traurig*[1]... *traurig*... Un autre soldat vient lui parler. Ils ont l'air furieux. Il paraît que la Lerouchon a insulté les soldats allemands. C'est invraisemblable ; il y a eu malentendu. Ou la Lerouchon, qui tout à l'heure riait gros avec les Allemands, a dû risquer une plaisanterie mal comprise. Elles
380 reviennent. Les deux Allemands les « engueulent ». La Lerouchon veut répondre. Mais la Soutreux l'entraîne. Tout cela dans une lueur d'aube. On dirait deux filles chassées d'un corps de garde.

Nous quittons la ferme. La canonnade continue, mais assez
385 molle. La Soutreux et la Lerouchon prennent peur, rebroussent chemin, disparaissent derrière une haie. Elles connaissent les sentiers de traverse et l'emplacement de leur maison. Nous tentons de les rejoindre par la grande route. Cette maison n'est pas pour nous un foyer, mais elle est pour l'instant notre seul
390 refuge. La route est bordée de bois et ces bois sont remplis de canons, de chevaux et de soldats allemands. Les soldats nous obligent à rebrousser chemin.

---

1. « Triste ».

Nous passons à côté d'un cheval mort (on le dirait cabré à l'envers) ; nous passons près d'une tombe de soldat allemand.

395 Nous traversons le village de Dampierre. Le sol est jonché de crosses brisées de fusils français. On n'entend plus le canon. On ne l'entendra plus.

Nous nous reposons, assez loin de la route, à la lisière d'un bois. La solitude, le silence sont tels que la guerre semble loin.

400 Mais un fil téléphonique, installé par les Allemands, traîne au sol, dissimulé dans l'herbe. De la route vient un soldat. Il s'approche de nous et nous tend une boîte de singe[1].

Je me sentais humilié. J'étais le vaincu, qui reçoit sa nourriture de la générosité du vainqueur. Telle est la guerre, elle

405 impose une grossière simplification ; elle pense pauvre, elle contraint à penser pauvre, par grosses catégories, elle oppose les nations dans un excès d'unité qui n'est que démence, elle oppose le vainqueur et le vaincu, elle supprime les conflits délicats et les remplace par un pugilat[2]. Si grand que soit le pugilat, ce n'est

410 qu'un pugilat. Mais rien ne peut faire en cette minute que ce soldat ne soit toute la victoire et moi, toute la défaite.

C'était une boîte de singe français. « Ils » l'avaient pillée, volée... Cela a apaisé notre conscience.

Sur la route, précédés et suivis d'un petit détachement de sol-

415 dats allemands, passent deux tirailleurs sénégalais prisonniers. On dirait deux beaux princes noirs qu'escortent leurs lourds esclaves blancs.

---

1. Terme argotique désignant une boîte de *corned-beef*, c'est-à-dire de viande de bœuf en conserve.
2. Combat violent sans règle ni grandeur.

Nous repartons. À cent mètres de la route nous découvrons une maison. Un garde-chasse y logeait, avant l'évacuation du pays. Elle est habitée par un jeune géant blond, sa femme et leurs sept enfants. La mère est menue et douce. L'aîné des enfants n'a pas quatorze ans. Ils jouent sur l'herbe, au soleil, tous en short ou caleçon de bain. Ce ne sont pas les réfugiés hâves[1], lamentables, que nous avons quittés la veille. Il est vrai qu'ils n'ont pas échoué là par hasard. Le père connaissait le pays, la maison. Il a choisi ce refuge.

Nous avons mangé la boîte de singe. Et des petits pois cueillis dans un jardin abandonné. C'étaient de bonnes gens : tout ce qu'ils ont pu nous donner sans que les enfants en souffrent, ils nous l'ont donné... Même un peu de pain, même du sel, même du vin, même du café... Et de bon cœur. Et nous étions cinq grandes personnes. Quant au bébé, sa mère avait emporté une boîte de farine et lui fit cuire une bouillie.

Quelques soldats isolés viennent puiser de l'eau au puits. Celui-ci demande à la cuisine une casserole, cet autre, un robinet pour mettre en perce un tonneau de bière. Et il nous dit en passant qu'il y a à Paris « *eine andere Regierung*[2] ». Il est très grand, ses yeux sont tout petits, ses paupières ourlées[3]. Je comprends ce qu'il dit ; c'est simple comme les exercices de grammaire du lycée : « Les Français ont tué hier trois soldats allemands... » Mais il m'est impossible de saisir s'il est furieux,

---

1. Pâles, maladifs.
2. « Un autre gouvernement ».
3. Bordées de cils.

désolé ou indigné. J'ai plutôt le sentiment qu'il me reproche une violation de la règle du jeu. Quelle drôle d'idée de tuer des soldats allemands !

445 Sur la route, à cent mètres de nous, défile un régiment ; un rectangle sur la route. On me dirait : « la route pleure... », je le croirais. Je pleure sur la France, dans un paysage que je ne connais pas, qui n'est pas de ceux que j'ai appris à aimer, un paysage plat avec excès de ciel.

450 Nous avons dîné d'une bouillie faite d'oseille et des morceaux d'une boule de pain trouvée dans les bois. Nous avons couché sur de la paille, dans une baraque couverte de zinc. Toute la nuit on entendait le roulement des camions allemands et de rauques commandements. Hitler prenait possession de la
455 France.

Je me suis endormi, puis réveillé en sursaut. Je croyais à un bruit de mitrailleuses. Ce n'était que le cri des canards. Qu'il est beau le cri des canards ! C'est toute la paix. J'ignorais que j'aimais à ce point le cri des canards... Mais il n'y a plus de paix sur
460 la terre. Je suis enfermé, cerné, serré dans la guerre et dans cette paix qui sera la guerre plus que la précédente encore. Et pourquoi, hier, aucun de nous n'a-t-il osé aller jusqu'à ces deux seaux pleins de haricots ? Deux seaux pleins que les Allemands avaient laissés dans la cour. Les chiens les ont mangés.

465 Nous avons passé là la journée du lendemain. Pourquoi ? Je serais en peine de le dire. « Pour voir comment les choses tourneront, parce qu'il est plus prudent d'attendre... »

Notre hôte, tantôt pharmacien dans une petite ville du Nord, tantôt préparateur dans une grande boîte de Paris, ressemble plus à un quaker[1] qu'à un marchand d'antipyrine[2]. Sa philosophie, sa politique, je la donne sans commentaires. « La France a été punie et le méritait. Mais l'Angleterre se sauvera et nous sauvera. La Providence n'abandonnera ni la France ni l'Angleterre. »

Il devine que je ne crois point assez à la Providence et il interrompt ce thème général pour me démontrer plus particulièrement l'évidence des interventions providentielles :

« Il y en a beaucoup, on en a eu la preuve, qui ont passé à travers la mitraille avec une simple petite prière de rien du tout. »

Et il reprend son thème de la France sauvée : « La France se relèvera, parce que après la guerre, il n'y aura plus d'argent pour payer les instituteurs et les députés. »

Nous avons été pendant deux jours délivrés de l'énergumène foraine et de la châtelaine aux glaces à quatre mille francs, qui sable[3] le champagne avec les Allemands. Nous en éprouvions un vrai soulagement. Il nous faut pourtant retourner chez elle. C'est notre seul refuge. Nous traversons un sous-bois : le soleil passe entre les branches et le sol est pourpre. Tout a été là préservé de la guerre. Le monde un instant peut se réduire à la contemplation de ce sous-bois. Je me souviens qu'en 1915, dans une tranchée, comme je pelais une orange, le fruit m'ap-

---

1. Membre d'une communauté religieuse.
2. Médicament.
3. Offre le champagne pour fêter un événement.

parut comme s'il avait été par son écorce préservé de la guerre, de la souillure de la guerre, comme s'il était sur la terre la seule chose pure, la seule que la guerre n'eût pas touchée.

495    Les Allemands occupent la maison de la Soutreux, les prés et les bois vers la Loire, les bois de l'autre côté du chemin. La cour en est remplie.

Je me répète bêtement : « Je ne suis plus en France... » Il est vrai qu'ils ont l'air d'être chez eux. Les soldats que nous avions 500 vus chez le pharmacien mystique[1], il y avait en eux je ne sais quelle humaine hésitation, ils étaient isolés, des touristes perdus dans la campagne ; ils ne portaient point en eux l'orgueil d'une armée victorieuse. Mais ceux-ci sont une unité militaire. Ils montrent une volontaire, une rogue[2] insolence. Ou bien pas- 505 sant près de nous, ils nous suppriment, nous annulent. Ou bien ils tentent de nous blesser, de nous humilier. Un *Feldwebel*[3] jette à ses hommes, par-dessus nos têtes : « *Teumain haute Parade in Paris...* »

Je me rends compte que je n'avais pas encore cru à la totalité 510 de la défaite. J'y croyais comme à une maladie dont on a peur et dont au fond de soi on écarte la possibilité. Chacun de ces Allemands, c'est le signe d'une maladie dont on a lu la descrip- tion, mais que soudain on découvre en sa peau.

Quelques soldats se sont allongés dans des fauteuils pliants, 515 on dirait qu'ils exhibent pour nous la béatitude et le repos de la

---

1. Croyant.
2. Arrogante, hautaine.
3. Adjudant.

victoire. Ne serait-ce que l'effet de mon exaspération ? Des soldats français en manœuvres seraient-ils différents ? Moins lourds je crois et moins puérils. Deux soldats jouent à la balle ; un autre, comme un gosse, avec une invraisemblable persévé-
520 rance, tourne à bicyclette dans la cour.

La Soutreux nous reçoit avec beaucoup d'amabilité. Elle fut très inquiète de nous, dit-elle. Elle nous offre de coucher sur la paille dans une de ses chambres, la seule qui n'est pas occupée par les Allemands. Nous avons dormi, séparés d'eux par une
525 cloison. Le matin, ils partent. Ce ne fut pas un branle-bas de départ. On a entendu un commandement. Ils se sont tous levés d'un seul bond, comme s'ils faisaient du rang serré à la parade.

La cour est délivrée. Nous respirons. C'est comme si toute la France était débarrassée d'eux.
530 La nièce de la Lerouchon vient à nous :

« On s'ennuie, nous dit-elle, maintenant qu'ils ne sont plus là, c'est trop calme. »

J'ai trouvé dans le bois un morceau de pain allemand. J'étais seul. Personne ne me voyait. Je l'ai mangé.
535 Les chemins sont un bric-à-brac : on y voit des motos, des roues de bicyclette, des boîtes de conserve, des chemises, des caleçons, des magazines allemands. Je me penche sur une boîte bizarre, qui ressemble à une boîte de physique amusante. C'est un appareil français de télégraphie militaire.
540 Les deux fermes les plus proches ont été évacuées par leurs habitants et occupées pendant les deux jours précédents par les Allemands. Elles ont été pillées, les tiroirs ont été vidés. Ce qui

ne paraissait pas bon à emporter a été jeté à terre. On marche sur une couronne de fleurs d'oranger et sur des photographies 545 encadrées. Qu'on ne manifeste pas ici une hypocrite indignation. Tous les soldats de 1914 ont vu des fermes françaises, où n'avaient passé que des Français. Cette forme de pillage est le fait du soldat et non de l'Allemand. Des tables, des chaises ont été transportées devant la maison, dans la cour. Sur le plateau, 550 des verres et des bouteilles vides, quelques feuilles de papier, des crayons. Des officiers ou des *Feldwebel* se sont installés là, y ont pris leurs aises...

On voit des lapins crevés dans leurs cages. Les poules et les vaches n'ont pas fui. Mais elles sont immobiles, les poules ne 555 picorent pas et les vaches ne broutent pas. Elles sont, les unes et les autres, étrangement immobiles... Non pas couchées, debout et, en vérité plus qu'immobiles, figées, prises dans un bloc, collées au sol comme à un socle, des vaches et des poules d'après la fin du monde.

560 Nous prenons nos repas dans la cour, assis sur le marchepied de l'auto. Il arrive qu'une vieille auto devienne une sorte de foyer. Nos repas : une sardine, un peu de pain trouvé. Nous sommes des Camps-volants, des Romani. Mais à partir du lendemain, la Soutreux nous envoie par sa bonne ou nous porte 565 elle-même une bassine de soupe et une bouteille de vin. Son amabilité est un peu acide, un peu réticente. Nous y répondons par une hypocrite amabilité. Nous redoutons avant tout d'être expulsés, de nous retrouver sans abri sur une route, qui ne conduit plus nulle part. Nous acceptons sans scrupule et notre

hypocrisie nous semble justifiée. La femme qui offre du champagne aux soldats allemands peut bien après tout, sans que
nous en éprouvions un excès de gratitude, nous offrir un peu
de soupe... Nous acceptons comme des prisonniers acceptent
leur pitance. Car chez la Soutreux, il est évident que nous ne
sommes pas en France. Nous ne sommes pas non plus tout à
fait en Allemagne. Nous sommes dans un pays, que nous ne
savions pas exister : une France qui accepte la victoire allemande ou s'en réjouit, une France qui ne se sent liée à aucune
coutume ou qualité française. Nous regardions cette femme
avec stupéfaction. Nous ne savions pas. Et nous nous deman-
dions si elle appartenait à la « cinquième colonne ».

Sans doute évalue-t-elle le prix de la nourriture, comme elle
évalue le prix de ses glaces biseautées, de ses heures de jardinier
et de son matelas (c'est un matelas de douze cents francs). Nous
pourvoyons à la nôtre et en partie à la sienne. Elle ne mangera
ni nous ne mangerons ses poules ni ses œufs. Nous rapportons
des fermes évacuées tout ce qui est comestible et que les
Allemands ont laissé. J'ai attrapé deux lapins errants, l'un que
j'ai coincé contre une barrière, l'autre que j'ai savamment
contraint à se réfugier dans l'angle d'un cellier, deux lapins
nourrissants, deux lapins qui sont des présents diplomatiques.

C'est là que, pour la première fois, j'entendis prononcer le
mot « récupération » dans un sens nouveau et qui me parut
étrange. Ce mot n'avait pour moi qu'une sonorité industrielle
et chimique. Je savais par exemple qu'on récupère des sous-pro-
duits. Mais tous ceux qui rapportaient des objets trouvés sur la

route (que ce fût une motocyclette ou un mouchoir) ou des objets pillés dans les autos abandonnées, disaient avec candeur : « Voilà ce que j'ai récupéré... »

600     Le vieux monsieur récupérait à la façon d'une pie. Tout lui était bon. C'était sa seule occupation et son seul souci. Il avait vraiment la foi. Il rôdaille des Douciers aux fermes et des fermes aux Douciers. Rien n'échappe à ses investigations, ni un calendrier pendu à un mur ni une boîte de poudre de riz, qui a roulé
605  au fossé. Il exhibe ses trouvailles à la façon d'un collectionneur qui a découvert une occasion magnifique, une pièce rare. Il est d'une obsédante générosité. On croirait qu'il ne travaille que pour la communauté. Mais il cache les gros lots et n'offre jamais que d'inutilisables résidus : ainsi le fond d'une boîte en
610  zinc à peine saupoudré d'un mélange de café moulu et de sucre pilé. Il les propose avec une sorte de violence autoritaire et semble furieux, si on les dédaigne.

Son fils est un récupérateur plus ambitieux. On ne le voit pas de la journée. Il circule sur la route au volant d'une auto de
615  haut luxe (cette voiture consomme plus de vingt litres aux cent) et prétend se livrer à des travaux de dépannage. Il joue en effet le personnage du mécano débrouillard à cigarette au coin des lèvres. Mais il revient le premier soir avec quatre pneus de secours, et comme il ouvrait son coffre, j'y ai vu trois groupes
620  d'accus, nets comme des souliers cirés et sans un point de sulfatage aux bornes.

Il revient de la route, de la route de misère où des femmes à pied traînent des enfants exténués et il me dit :

« C'est une mine d'or, la route, en ce moment... »

625 Si la récupération implique l'abolition du sens de la propriété, elle en implique aussi une immédiate reconstitution. Ce
sens, si je puis dire, se récupère très vite. La veille, la Soutreux
s'est emparée d'une bicyclette abandonnée. Elle s'aperçoit, le
lendemain, que le porte-bagages en a disparu. Elle s'indigne et
630 crie : « On m'a volé mon porte-bagages... »

Un camion transportant le personnel d'une administration
ou d'une usine a été garé dans un champ, assez loin de la route.
Le conducteur a pris cette inutile précaution, espérant que son
camion serait à l'abri des pillards. La Soutreux nous convie à
635 « aller voir » ce camion. Avec une totale innocence, elle donne
à sa bonne l'ordre d'amener une brouette sur les lieux. Nous ne
sommes pas les premiers explorateurs. C'est une lamentable
foire aux puces sur l'herbe. Elle est couverte de vêtements d'ar-
chives et de papiers administratifs. Et trois machines à écrire
640 reçoivent les rayons du soleil couchant. Et ces engins de bureau,
le noir du métal et le blanc des touches ont sur le pré un éclat
dérisoire. Madame Soutreux est prise d'une sorte d'exaltation.
« Ces machines, dit-elle, valent bien de deux à trois mille
francs. » Elle se penche, la bonne approche la brouette. Mais
645 voici qu'une paysanne, conduisant ses vaches, apparaît au bout
du pré et nous crie, sans qu'on lui puisse rien répondre :
« Foutez-moi le camp... tas de voleurs... Et plus vite que ça... Je
suis chez moi... »

La Soutreux part en tête avec sa bonne poussant la brouette.
650 Nous suivons. On croirait un enterrement.

Que mon lecteur ne s'abandonne pas ici à une trop vertueuse indignation, qu'il ne juge pas du haut des sphères de la morale pure. Je voudrais donner de cette femme une juste image et ne fausser aucun trait. Il ne faut pas juger ici, comme on jugerait
655 boulevard de la Madeleine en temps de paix. Aux temps où les médecins avaient inventé la cleptomanie[1], ils réclamaient l'indulgence pour les femmes nerveuses, qui volaient dans les grands magasins : elles étaient, disaient-ils, entraînées au vol par l'accumulation des robes et des parures, privées de leur volonté,
660 hypnotisées dans ces palais des Mille et Un colifichets[2]. Ici tout est éparpillé sur la route, sur les chemins, dans les prés. Tout a un air d'objet trouvé, d'objet offert, et ce qu'ont laissé les Allemands et ce qu'ont laissé les premiers réfugiés pillards, tout, depuis la boîte de conserve jusqu'à la machine à écrire, jusqu'à
665 la robe du soir et à la motocyclette. Les réfugiés découvrent et prennent ce qu'ils trouvent, comme les naufragés d'une île déserte n'ont point de scrupule à s'emparer des épaves.

Mais cette excuse ne me paraît point valable pour la Soutreux. Le lecteur en jugera. Les Allemands ont laissé aux
670 Douciers une cinquantaine de bicyclettes, qu'ils avaient volées ou pillées, (comme on voudra) en Seine-et-Marne et Seine-et-Oise. La Soutreux nous mobilise, Aufresne et moi. Elle nous prie de hisser et ranger ces bicyclettes dans son grenier. « Je les donnerai aux gens du pays, quand ils seront revenus... » Cette

---

1. Manie qui contraint ceux qui en sont atteints à voler.
2. Petits accessoires.

patriotique philanthropie[1] ne peut être qu'un mensonge. C'est tout juste s'il y a, dans un rayon d'un kilomètre, cinq ou six fermes isolées. La Soutreux aurait pu, mais n'y a pas songé, prendre un prétexte plus vraisemblable : toutes ces bicyclettes portent une plaque individuelle, un nom, une adresse. Elle aurait pu dire : « Je préviendrai ces gens... ils retrouveront ainsi leurs machines après la guerre ».

Je l'avoue, nous avons été, Aufresne et moi, les complices de cette récupération en masse, de cette constitution de stock. J'ai obéi par mollesse, par docilité envers le seigneur féodal, posses-seur de la terre où j'étais réfugié, par fausse politesse. Et d'ailleurs je n'imaginais pas sur l'instant la manie d'accumula-tion et la cupidité de notre hôtesse. Cet escamotage de bicy-clettes, dira-t-on, c'est d'un mince intérêt. On verra plus loin que je ne pouvais pas le passer sous silence.

*stowing*

Il y a quinze jours que nous avons quitté Paris. Nous vivons dans une prison murée d'incertitudes. Nous n'avons pas d'es-sence, nous ignorons tout de la situation générale et des possi-bilités de circulation. Nous ne recevons aucune nouvelle.

Mon fils a quitté Paris quelques heures avant nous. Il a quinze ans et il est parti en voiture avec deux amis, dont le plus jeune a quatorze ans et dont l'aîné n'a pas dix-huit ans. Pendant plus d'un mois (et nous sommes des milliers à connaître une semblable inquiétude) nous ne saurons rien d'eux. Sont-ils en panne ? Ont-ils été mitraillés ? En fait, on leur a laissé prendre

---

1. Amour des hommes qui pousse à aider ceux qui en ont besoin.

la route de Fontainebleau et ils sont arrivés, le soir même, sans difficulté. Mais nous ne le savions pas.

J'ai ouvert la <u>malle</u> de la voiture. J'en tire un vieux veston de mon fils. Cela suffit pour que l'anxiété immobile qui a pris sa place s'agite et s'avive. Un vêtement garde la forme d'un être, une forme sans supports ni repères, une forme en quelque sorte immatérielle. Cette présence, ce double sont parfois intolérables. Car cette forme sans chair, qui à la fois contraint nos sens et leur échappe, la mort même ne la détruit pas, elle ne prouve pas la vie.

On trouve maintenant du pain au village de Dampierre, qui est à trois kilomètres des Douciers. La Soutreux, la Lerouchon en rapportent les propos des soldats allemands : « C'est fini avec la France, mais pas avec l'Angleterre... C'est un soldat qui l'a dit. » Chacun de ces soldats est pour elles porteur d'une certitude, qui n'a pas besoin de vérification. « C'est un soldat qui l'a dit. »

« L'armistice est signé depuis ce matin, cinq heures... » rapporte la Soutreux. La Lerouchon ajoute : « L'armistice est signé, mais on se bat encore dans les Vosges ». Elles disent cela, comme elles annonceraient l'ouverture de la chasse. Du moment qu'elles n'entendent plus le canon, elles ne sentent point leur destin lié à l'événement. Je demande : « Qui vous a dit cela ?... » Elles me répondent : « Une femme sur la route ». La Lerouchon ne me garde point rancune de ma question. Mais la Soutreux ne me la pardonne pas. « Oui... une femme sur la route... Je répète ce qu'elle m'a dit... » Elle a un mécanisme d'idées assez compliqué pour comprendre vaguement que cette femme inconnue n'a point exactement le visage de la vérité historique. Mais sa vérité à elle est de la minute et mon doute, visiblement, l'exaspère.

730 « Les nouvelles, me dit le vieux jardinier, ça vous sort de la bouche, on ne sait pas d'où ça vient. » Mais sa sagesse bientôt devient incohérence. On a vu à Dampierre quelques voitures de réfugiés français se dirigeant vers Paris ; ils ont arboré à leur voiture un drapeau blanc. Il me dit : « C'est un signe que les
735 Français et les Allemands sont égaux ». Je ne puis obtenir d'autre explication et il me parle longuement d'un « Français de Gien, qui était officier boche ».

La bonne de la Soutreux annonce la paix pour le 21 du mois. « C'était sur un parchemin, que sa belle-mère a vu... »

740 Le bruit court que la circulation est libre dans la zone occupée, mais qu'on ne passe pas de zone libre en zone occupée. Il semble donc que notre liberté de circulation sera d'autant plus grande que l'occupation sera plus étendue. Pensée atroce si l'on veut. Mais au point où l'on en est !

745 On attend. Notre pensée oscille de l'événement à notre sort personnel. Elle s'en va sur les cimes et revient à nous. Sans que j'y puisse rien un panorama historique se développe devant moi. L'homme français de 1914 espérait, celui de 1920 espérait. Et cet écroulement : je ne puis deviner que d'intègres
750 moralistes attribueront dans quelques semaines la défaite à l'abandon de la terre, au goût de la facilité, au mépris du travail. Il me semble que la France, au sens le plus simple du mot, a cessé de penser. La France, hypnotisée par Hitler ou Staline,

a cessé de se penser elle-même. Quand un peuple ne pense pas

755 encore ou ne pense plus, un Hitler, un Staline pense pour lui. Le couple Hitler-Staline absorbera-t-il l'Europe et la France, avec le consentement de cette sorte de Français, voués à un patriotisme de journal et qui ne donnent à la France aucune figure, sinon celle de leur tranquillité ?

760 La France a toujours assimilé des nourritures étrangères. Cette assimilation, c'est toute son histoire depuis le XVIᵉ siècle au moins. Mais, depuis 1930, tantôt par admiration, tantôt par épouvante, une partie de la France est en état d'hypnose devant l'Europe brutalisée.

765 Madame Charroux, qui pleurait l'autre soir, parce que deux Françaises oubliaient devant les Allemands la dignité du vaincu, me parle aujourd'hui de communisme. La peur du communisme la met en état de transe. Mais elle n'a peur que d'un mot. Ce qu'elle connaît du communisme lui vient des

770 journaux. Elle ne sait pas que Staline l'a tué. Et je me demande si sa haine du lointain Staline n'égale pas celle du proche Hitler.

La détresse où nous sommes anéantit un instant mon égoïsme.

Quoi est vrai ? La guerre, la politique, l'homme, Dieu ? Dieu

775 existe peut-être, mais plus loin que les religions ne l'ont mis. Tel qu'on nous le présente, il est une solution facile, bonne pour la paix, bonne pour la guerre, bonne pour les saints et les criminels de droit commun. Il me fait penser à ces outils à tous usages que les mécaniciens méprisent et qui sont à la fois pince,

780 tenaille, marteau et tournevis.

Pour l'instant, je n'ai perdu encore que la civilisation des boîtes d'allumettes. On ne trouve plus d'allumettes... Je n'en suis pas gêné. J'ai un briquet. Puérilité de l'homme ! Je tiens à ce briquet et non à un autre. J'y tiens par sentiment. Je suis

785 l'homme d'un briquet. Je suis un pauvre être rivé à ses habitudes, à ses manies, rivé à ma pipe, rivé à mon briquet. Mon briquet, ce n'est pas seulement le feu primitif, le feu du sauvage. C'est un briquet entre mille autres, une amulette[1], un fétiche. Si je le perdais, je perdrais avec lui tout mon passé.

790 Je n'irai pas avec ma femme chercher du pain à Ozouer. C'est grâce au maire, un vieillard, et à une jeune boulangère que le village a du pain. Mais je n'ai plus la force d'aller chercher l'histoire, les répercussions de l'histoire, dans un hameau. J'attends que l'histoire vienne à moi. Je tournaille autour des voitures et

795 du puits dans la cour.

J'invente des batailles, des ruses de guerre. On laisse les Allemands avancer jusqu'à la Loire. Sur l'autre rive, nos canons les attendent. Derrière les Allemands nos troupes avancent. Ils sont pris entre deux feux. Ils tentent de s'échapper en direction

800 de leurs flancs. Mais nos avions passent sur leurs lignes, étirées entre nos avant-gardes sur la rive droite, et notre artillerie sur la rive gauche. Nos avions opèrent comme des charrues creusant un sillon. Les corps tombent sur les corps, du même mouvement que la terre renversée par le soc. Des bras implorants s'élè-

805 vent vers le ciel. On fauche. Et, pas plus qu'un moissonneur ne

---

1. Amulette, fétiche : objets que l'on porte sur soi par superstition pour se protéger des malheurs.

peut, sa faux lancée, faire grâce à un épi, nos aviateurs ne peuvent épargner les suppliants.

Je refais l'histoire. Hitler vaincu est gardé par un groupe de solides artilleurs, rencontrés avant Lorris qui allaient se battre
810 sur la Loire. Ils entourent, mousqueton[1] à la bretelle, l'homme à la gabardine[2], un rat dans un piège, un rat qui ne peut pas se retourner. Un Parisien énervé lui lance un : « Alors, ça ne va pas comme tu voudrais, petit père ?... » Mais les autres l'écartent et demeurent impassibles : un mur d'hommes entourant la bête.

815 Étendu sur la paille, sans autre horizon que le plâtre du mur, fermant les yeux au monde comme une bête malade, je me laisse aller à de stupides ruminations, qui ont la facilité et le glissant du songe. Ce que nous nommons l'histoire ne serait-il pas la plus vaine illusion des hommes ? Ce que nous concédons
820 à l'histoire, aux guerres comme aux puissances du temps de paix, ne serait-ce pas le signe de notre insuffisance ? Nous faisons de l'histoire, comme un malade fait une maladie. Nous sommes responsables de l'histoire, comme les fous sont responsables de la création des asiles.

825 Il a peut-être raison, ce Spengler[3], que Lucien Febvre, à juste titre, classa avec le comte Keyserling[4], parmi les journalistes de la philosophie, et qui fait de l'histoire une sorte de chose en soi. Elle seule est réelle et les hommes ne sont que de vaines appa-

---

1. Arme à feu.
2. Manteau.
3. Philosophe et historien allemand dont certains ouvrages furent condamnés par les nazis pour leur parti pris pessimiste.
4. Écrivain allemand chez qui le philosophe Emmanuel Kant fut précepteur.

rences. L'histoire est l'échiquier [*chessboard*] de Dieu. Les Allemands jouent
et gagnent.

Mais non... les nations n'existent que par leurs traits[1] [> les valeurs?]
d'Opéra-Comique, leur pittoresque[2], leur légende ou leurs
livres : l'Italie des peintres, l'Espagne des danses, la France de
Descartes.

Les traits d'une nation sont-ils réels ou fabriqués par des historiens, c'est-à-dire par des journalistes de l'histoire, qui ne vau-
draient pas mieux que les autres ?

Il y aura toujours des guerres, disent ceux qui pensent par
proverbes. Mais quelle stupidité que d'imaginer que la Guerre
sera toujours la dernière ressource de l'histoire ou des hommes !

J'ai connu le Weimar d'avant 1914. Weimar « capitale et résidence ». Ce qui signifie que, capitale du grand duché de Saxe-
Weimar-Eisenach, cette ville avait l'honneur d'être la résidence du
grand-duc. Le Comte Kessler[3] m'y invite. On n'y parlait que de
*Kultur* et de *Bildung*[4]. Au *Gœthe-Archiv*, des vieillards ou des
jeunes gens qu'on tenait pour des vieillards, étudiaient la grammaire et la philosophie de Gœthe. Le *Nietzsche-Archiv* était un lieu
de pèlerinage. La sœur de Nietzsche, Madame Förster-Nietzsche
était la gardienne du temple. J'y ai rencontré le professeur Andler,
des Viennois agiles, des Norvégiens, qui ressemblaient à des pas-
teurs et des Suédoises qui s'habillaient chez Poiret.

---

1. Caractéristiques.
2. Qui frappe par son originalité, sa beauté picturale.
3. Né en 1868, cet amateur d'art allemand fut un personnage clé de la vie culturelle européenne avant la Première Guerre mondiale.
4. « Formation ».

Le grand-duc avait des idées « modernes ». Sur le conseil du comte Kessler, il avait appelé Henri Van de Velde, qui, quittant Bruxelles et renonçant à la peinture néo-impressionniste, se
855 voua à la régénération de l'architecture et des « arts mineurs » dans le grand-duché de Saxe-Weimar-Eisenach. « Nous ne nous habillons pas comme du temps de Voltaire ou de Frédéric II. Nous ne voulons pas habiter le passé comme un bernard-l'ermite. Nos maisons et meubles doivent être les nôtres. » Docilité
860 germanique : il dessina des têtes de clous et les industriels de Saxe adoptèrent ses modèles.

Kessler et ses amis ne mentaient pas. Nietzsche n'était pas pour eux l'éveilleur d'une plus grande Allemagne, mais un nouveau maître du moi, d'un moi dionysiaque[1], comme il s'en-
865 tend, d'un moi aristocratique et gorgé de culture. Renoir, Cézanne, Monet, Seurat, Van Gogh étaient leurs mots de passe. Ils constituaient, à l'image du passé, une sorte de cour, où les artistes rencontraient les grands de la terre.

Avaient-ils l'arrière-pensée de dominer le monde ?
870 Croyaient-ils déjà à la nécessité historique d'une guerre, qu'ils ne désiraient pas ? Je ne saurais répondre. Mais, si même ils croyaient que la seule Allemagne pouvait mettre de l'ordre dans le monde, cet ordre n'était pour eux qu'un ordre de règles extérieures, d'hygiène et de voirie. La France était pour eux la
875 Grèce. Mais assez naïfs au fond, ils ne voyaient en la France que ses écrivains classiques et ses peintres depuis Watteau. Ils

---

1. Instinctif, démesuré (de Dionysos, dieu grec de la vigne et du vin).

rêvaient d'un monde où les seules valeurs seraient la connaissance des arts et l'élégance des mœurs. En vérité, ils ne le rêvaient pas tout à fait. Ils l'avaient en partie créé. Mais pour eux seuls. Un îlot artificiel.

Je me souviens du parc, de ses arbres de gravure romantique, du poète Richard Dehmel et de Monsieur von Mützenbecher, intendant du théâtre du grand-duché de Bade.

Je rêve. Mon rêve annule les années. Monsieur von Mützenbecher m'apparaît, non point en veston ou en habit noir, tel que j'avais coutume de le voir, mais en uniforme d'officier allemand. Je me retourne dans la paille. Monsieur von Mützenbecher me salue. Je vois bien qu'il s'étonne de ma réserve. Ce peuple n'a guère d'imagination et de goût. Un butor[1] comme les autres. Pense-t-il que je vais lui sauter au cou ?

« Weimar, lui dis-je, Weimar et Nietzsche et votre idolâtrie de la peinture française, tout cela n'était que cinquième colonne. » – « Non…, me répond-il, l'aristocratie allemande n'a jamais aimé Hitler… » – « Mais elle le sert… » – « Non… elle sert l'Allemagne. Si même l'Allemagne se trompe, si même l'Allemagne est criminelle, vouliez-vous que nous trahissions ? Nous ne sommes plus au temps où les généraux trahissaient sans se déshonorer. Reconnaissez là un des effets de votre démocratie… Ainsi, nous, les officiers, nous avons été obligés de suivre nos troupes. C'est l'histoire à l'envers… »

Et il éclate de rire, d'un drôle de rire, un rire métaphysique[2].

---

1. Homme grossier et stupide.
2. Surnaturel.

« C'est le monde à l'envers... comme une peau de gant retournée. Mais notre rencontre, c'est l'étincelle, l'étincelle qui remet le monde à l'endroit... Voyez... » *spark*

905 Et je vois en effet les soldats allemands qui se rassemblent, qui s'en vont au pas cadencé vers le Rhin, qui rentrent chez eux.

Je n'ai pas encore vu la Loire. La Loire ne fut encore pour moi qu'un mythe stratégique. De la cour, on voit des taillis, des prés. Rien ne me lie à ce paysage informe et plat, qui semble 910 disposé au hasard et où le hasard seul m'a conduit. Et ces deux mètres de cour et la paille dont je dispose pour la nuit, je sens bien qu'on ne me les accorde point sans quelque réticence. Comme je m'excusais de la gêne que je lui pouvais causer, la Soutreux m'a répondu : « Mais non... vous pouvez bien rester 915 ici un jour ou deux ». D'autres paysages, de vieilles demeures, je les désire, je ne m'en puis détacher ; je voudrais les atteindre d'un coup d'aile, par l'effet d'un miracle. J'y ai laissé des morceaux de ma vie. Ainsi la maison du cousin Nicot, qui domine la Saône. Comme tout s'y compose bien : le fleuve, la vieille 920 grille, le jardin vénérable, l'accueil et l'hospitalité, le Chardonnay de dix ans, plein comme une noisette, le paravent de 1840, qui me met aussitôt en état de conte de fées. Maison de Saint-Amour, maison du Villars, j'ai pensé à vous comme on pense à un fruit et que l'eau vous vient à la bouche.

925 Je voudrais fuir, fuir n'importe où, en n'importe quel lieu où j'ignorerais le prix des matelas, des glaces biseautées et des heures de jardinier. J'espère me consoler en regardant trois roses sur un fond d'acacias. C'est le plaisir d'une seconde. C'est l'ef-

fet d'une vieille habitude. L'homme n'est pas seulement un œil.
930 Ce sont les roses de la guerre, les roses de la débâcle, les roses de
la Soutreux.

Des avions allemands passent au-dessus de nous, presque en
rase-mottes. Même du ciel on est surveillé.

Le bruit court que les Italiens sont à Nice. J'ignorais que je
935 possédais Nice à ce point. J'ignorais que j'étais propriétaire de
Nice... j'ignorais tous mes instincts de propriétaire. On vient de
m'arracher Nice. Le vieux Monsieur vient à moi d'un air déses-
péré et furieux :

« J'avais récupéré un pot de confiture de groseilles... Les
940 Allemands l'ont pris. »

*

Aufresne nettoie et astique sa voiture inutilisable, dont une
bielle a coulé. Il taille une haie. Il sait tuer un lapin et en retourner la peau comme un gant. Il ratisse la cour. Non pas seulement pour se rendre utile et faire sa cour à la Soutreux. Cet
945 ancien chef de rayon, devenu patron, est resté rustique et bricoleur. Comme l'oisiveté me console de l'ennui, l'activité l'en
délivre.

Il a médité les paroles du pharmacien quaker. « Cet homme
a raison, me dit-il, l'Angleterre nous sauvera... l'Angleterre pos-
950 sède la maîtrise des mers, l'Allemagne ne pourra rien contre le
blocus organisé par l'Angleterre. »

C'est ainsi que sur le plan de l'économie il traduit la doctrine providentielle du pharmacien mystique. On lui a pris la France, mais il possède la flotte anglaise et la lance sur les mers.

955     Je ne raille pas. Cette réaction sentimentale ne me paraît pas ridicule. Mais je ne sais pas jongler avec la maîtrise des mers.

Un lien s'est établi entre les Aufresne et nous, parce qu'ils subissent comme nous, avec gêne, l'hospitalité de la Soutreux, ses douches écossaises[1] d'amabilité et de silence hostile, parce que, son nationalisme à rebours, quand le vainqueur est là, ils en sentent la bassesse, parce que, comme nous, ils furent honteux de l'accueil impudique qu'elle fit aux soldats allemands.

Quel lieu, quelles circonstances pour lier une amitié! Mais les belles amitiés ne naissent point du hasard, fût-il le plus pathétique. Elles se préparent, avant toute rencontre, par des cheminements séparés. Et le choc de la rencontre n'y est pas pour beaucoup.

J'ai quelque peine à tenir une conversation avec Aufresne. Ce type de bourgeois ne sait plus parler que d'affaires. Je ne dis pas qu'il a perdu son âme; il n'a plus de langage pour l'exprimer.

Le père de Corot[2] vendait du drap. Mais il n'avait pas d'automobile et les problèmes que lui posait la politique n'étaient point à l'échelle de l'univers. Et au temps du père de Corot, les journaux avaient encore un caractère artisanal : ils ne manufacturaient pas encore en série la nouvelle et la doctrine. Entre les

---

1. Revirements d'attitude, qui passent brutalement du chaud au froid.
2. Peintre paysagiste français (1796-1875).

articles du *Constitutionnel* et les articles d'un journal d'aujour-
d'hui, il y a la différence du chassepot[1] à la mitrailleuse.

Aufresne remue plus d'idées qu'un paysan, mais il sait bien
moins qu'un paysan peser une idée et distinguer en elle ce qu'il
touche du doigt et ce qui est hors de sa connaissance.

On m'a dit un jour : « Le paysan hollandais est supérieur au
paysan belge parce qu'il a lu au moins un livre : la Bible. » Les
descendants du père de Corot, dans la France de 1940, n'ont
pas lu un livre, j'entends un vrai livre. Ils n'ont lu que des journaux ou des magazines. Ils pensent en légendes de clichés pho-
tographiques. Cela apparaît, s'ils touchent à des problèmes de
quelque étendue, et de politique en particulier. Ils sentent au
fond d'eux-mêmes que tout leur échappe et ne se l'avouent pas.
Alors ils s'efforcent de donner un corps aux idées vagues, aux
sentiments dont ils furent nourris. Ils les personnalisent,
remuent comme des marionnettes la France ou l'Angleterre,
gesticulent, forcent la voix, on dirait que tous les muscles de
leur corps travaillent, qu'une fureur sacrée les anime ou on ne
sait quel désespoir : ils veulent avec du néant créer une vérité.
Je pense souvent, quand j'entends mes contemporains traiter de
politique, à cette démente de la Salpêtrière, qui croyait que le
monde n'existait point en dehors de la création qu'elle en faisait, minute à minute. Et elle appelait corps « créchés » les élé-

---

1. Fusil de guerre français datant du xixᵉ siècle.

ments chaotiques qu'elle assemblait pour faire le monde et « suppléer à la diligence des dieux ». Ainsi nos contemporains assemblent en vain les corps « créchés » de la politique.

Ainsi Aufresne, qui est le plus calme des hommes, s'agite devant l'histoire. Il redoute les ouvriers de Belleville et de Billancourt. S'ils sont au travail, ne vont-ils pas se révolter ? Et qui les mâtera ?

« Il faut attendre, me dit-il. Il vaut mieux ne pas rentrer à Paris avant quelques jours... avant que le ravitaillement ne soit organisé. On ne peut pas nous laisser mourir de faim... »

Je me souviens qu'il entendait par ce « on » le gouvernement français. Le séjour des Allemands à Paris, nous ne pensions pas qu'il pût durer plus de quelques jours.

Au croisement du sentier et de la route de Gien, deux femmes, deux enfants se reposaient. Ils venaient des environs de Paris, poussant une charrette chargée d'une malle et de deux valises. Leurs vêtements étaient nets et bien brossés, les visages bien lavés et frais. Comme j'en témoignais de l'admiration, l'une des femmes, en souriant, me répondit : « Mais c'est tout naturel... on trouve partout de la paille et de l'eau... »

\*

Quand les Allemands campaient aux Douciers, la Lerouchon tenait salon, devant sa roulotte. Quelques soldats se balançaient dans des fauteuils pliants. De grands éclats de rire venaient jusqu'à nous.

Derrière la maison, nous avons ouvert une boîte de conserve
(nous avons obtenu à Ozouer un peu de pain et la Soutreux
₂₅ nous a apporté de la soupe). De sa roulotte, la Lerouchon nous
offre trois morceaux de lapin. « Je jure que c'est de bon cœur... »
Ma femme remercie, refuse, affirme que nous avons assez à
manger. Je l'avoue : j'admire cette dignité et je regrette le lapin.
Je ne sais quoi du soldat s'est reconstitué en moi. Je crois bien
₃₀ que j'aurais accepté. Car depuis plusieurs jours j'ai faim et je le
cache héroïquement. Et la Lerouchon a un tel air de fille à soldats offrant un litre. Si fille à soldats qu'elle ne distingue pas
entre soldats français et soldats allemands. C'est un air qu'elle
a. Je ne crois pas que son mari, qui est au front, puisse avoir rien
₃₅ à lui reprocher d'autre. Elle en parle d'ailleurs volontiers :
« Pourvu qu'il ne lui soit rien arrivé... Mais non... je suis sûre
que non... Je le sens... » Elle répète plusieurs fois : « je le sens...
je le sens... » Et on dirait que c'est par le nez qu'elle le sent : elle
projette en avant un mufle qui grimace et renifle.
₄₀ Elle a dans sa roulotte un poste de radio sur accus. Nous
entendons l'émission allemande, de Compiègne. Le chancelier
Hitler... le wagon... le monument de 1918... Pas un commentaire. C'est sobre et terrible. Il fait nuit et une vache beugle dans
le pré.
₄₅ Le *Radio-Journal de France* annonce qu'un préfet fuyard a été
révoqué et qu'on se bat sur le front des Vosges et près de
Clermont-Ferrand.
Je ne dois pas avoir l'air gai. Car la Lerouchon, éclatant de
rire, me hurle aux oreilles :

1050    « Mais rigolez donc un peu... »

Elle nous rassure d'ailleurs sur le sort de la France :

« Ce sera un protectorat[1], comme le Maroc... On ne sera pas plus malheureux, on travaillera comme avant... »

La Lerouchon est un monstre simple. La Soutreux est plus
1055    compliquée. Elle n'est point plébéienne, mais « petite dame » à façons, mines et mignardises. La Lerouchon se contorsionne, la Soutreux se tortillerait plutôt. Je ne cherche pas les origines de la marche germanique que ces deux femmes ont constituée dans le Loiret. Je ne veux que décrire la Soutreux, selon qu'elle
1060    m'est apparue jour à jour, gentille ou misérable, odieuse ou ridicule, semblable à un animal civilisé, plus près du chien ou du chat que de l'homme. Mais différente de la Lerouchon en ceci qu'elle ne manifeste pas ses émotions par aboiements simples, mais qu'elle dispose de quelques brindilles, quelques copeaux
1065    d'idées. Elle nous répète une conversation entre deux Allemands. L'un disait à l'autre qu'il croyait à un Dieu, mais non pas au Dieu des religions. La Lerouchon serait incapable de retenir et répéter ces hautes abstractions.

Son mari – je tiens d'Aufresne ces détails – est de très
1070    humble origine. Industriel, il possède des millions de marchandises en stock. C'est un homme peu causeur, mais dont le bon équilibre et la loyauté sont certains. J'imagine assez bien cet industriel, qui n'est pas du type collectionneur de tableaux, qui se fiche absolument des mises en scène de Jouvet[2], qui souffre,

---

1. Appui qu'une grande puissance impose à un état plus faible.
2. Acteur et metteur en scène français (1887-1951) qui monta, entre autres, des pièces de Molière.

bien que bourgeois naturalisé, de ne point connaître les rites du grand monde et qui ne prend de plaisir qu'à chasser et pêcher du samedi au lundi.

Sait-il les sentiments de sa femme et comment elle se comporte ? On peut supposer qu'il méprise l'opinion des femmes et en particulier de la sienne. La Soutreux elle-même nous a dit que son mari demeurait près d'elle des jours entiers sans lui parler. Mais la plus simple prudence ou la décence la moins raffinée l'eût conduit à contraindre sa femme à ne point se montrer aussi scandaleusement allemande.

Ce goût de l'Allemagne est son unité. Pour le reste, c'est la mère aux chiens. Elle est escortée d'un groupe de bêtes aboyantes et ces aboiements lui paraissent délectables. Ces bêtes couchent sur son lit. J'avoue ne goûter que médiocrement le numéro du fox. Elle se penche tendrement vers lui et lui murmure gentiment : « Où est-il, petit maître ? » et le fox aussitôt hurle comme à la lune et ne se fait jamais prier. Elle ne manque point de s'apitoyer sur le lapin qu'elle mangera demain et elle a pour lui un « pauvre petite bête » d'une touchante câlinerie. Elle est tendre pour les chiens errants et Dieu sait le nombre des chiens perdus qui vagabondent. Mais elle grogne, si on use pour la bouillie du bébé, de son butagaz ou du bois de son fourneau. Pour faire cuire cette bouillie, les Aufresne font un feu dans le pré.

Elle est puérile comme une vieille fillette de cinquante ans et, si elle prétend en imposer, sa gravité est celle d'une sous-maîtresse en congé.

D'un type un peu bohémien, elle n'est pas laide, mais elle a de trop gros membres. On dit qu'elle est née dans l'Europe centrale et qu'elle a des parents à Vienne. Mais elle parle le français
1105 sans accent étranger. Et je ne vois point là d'ailleurs une explication. Une étrangère mariée à un Français, si elle ne se taisait par une naturelle pudeur, se tairait par prudence.

Ses erreurs de langage ne sont pas d'ailleurs d'une étrangère. Elle donne aux mots un sens flottant, comme les gens qui ne
1110 posséderont jamais une langue, fût-ce la leur. Voulant témoigner de son admiration pour un homme politique auquel elle attribue une grande connaissance des mœurs des pays étrangers, elle dit : « Il est très cosmopolite[1] ». Mais elle a ce que les professeurs de langues appellent du vocabulaire. Elle prétend à
1115 la conversation et me parle avec mépris des gens qui ne sont pas cultivés. Je n'ai peut-être eu envie de rire qu'une seule fois, depuis plus de quinze jours, c'est quand j'ai entendu ce mot dans sa bouche.

« Un colonel allemand, nous dit-elle avec une nuance d'or-
1120 gueil, m'a demandé un entretien privé... Il m'a dit que la France avait trop aimé la facilité, mais qu'elle se relèverait. Il m'a dit qu'il avait tué de sa main douze Sénégalais prisonniers, que pour lui c'était moins que des chiens... »

Elle prend un temps et continue sur un ton quasi confiden-
1125 tiel :

---

1. Citoyen du monde.

« Ce qu'il voulait, c'était se renseigner sur l'état d'esprit français... »

Vous voyez l'épisode de roman ou la scène de théâtre : la
Française joue de toute sa finesse, déconcerte et désarçonne le
barbare. Mais la Soutreux n'a même pas une tradition de
théâtre.

Nous nous sommes demandés souvent si la Lerouchon et la
Soutreux n'appartenaient pas à la « cinquième colonne ». Cela
m'a toujours paru improbable. On ne conçoit pas un traître qui
ne simulerait pas, dans le pays qu'il trahit, le plus parfait loya-
lisme. L'impudeur, l'insolence de la Lerouchon et de la
Soutreux, j'en étais stupéfait. Elles étaient alors pour moi inexplicables. D'autre part, il ne semble pas qu'une propagande en
faveur de l'ennemi aussi ouverte, aussi grossière pût être de
quelque efficacité. Je crois aujourd'hui que cette folie verbale de
l'ordre, fût-ce l'ordre hitlérien, qui avait passé sur une partie de
la France vaincue, avait contaminé ces âmes épaisses. thick

Alors que les Allemands avaient quitté les Douciers et que
leur plus proche cantonnement était à trois kilomètres, au village de Dampierre, un de leurs camions vira du chemin et
pénétra dans la cour. La Soutreux se précipita vers le siège
occupé par le conducteur et un sous-officier. Et une conversation s'engagea, que je ne comprenais pas. Il était évident que le
sous-officier ne venait point par ordre, mais qu'il lui rendait
visite. Il montrait d'énormes dents très blanches. La Soutreux
était épanouie, souriante, heureuse. Mais rien ne me permet de

croire que son bonheur fût autre chose que de parler en allemand de l'Allemagne avec un Allemand.

Mais ceci est plus suspect. Deux charrettes à chevaux étaient
1155 arrêtées devant la maison : des paysans qui avaient fui à l'annonce de l'avance allemande n'avaient pu passer la Loire à Gien, rebroussaient chemin et rentraient chez eux.

« Je vous avais bien dit, leur cria la Soutreux, de ne pas partir... que les Allemands ne vous feraient aucun mal... mais que
1160 ceux qui ne reviendraient pas tout de suite, ils ne les laisseraient pas se réinstaller... »

L'armistice n'était pas signé. Nous n'avions de nouvelles que celles qui circulaient de bouche en bouche et qui naissaient de l'air du temps par génération spontanée. Que la Soutreux, plu
1165 sieurs jours avant l'arrivée des Allemands, eût affirmé qu'ils ne feraient aucun mal, cela s'explique : dans la mesure où l'on aime un groupe, un peuple ; elle les aime, leur arrivée est pour elle une bénédiction. La certitude qu'elle avait de la victoire allemande, de leur avance jusqu'à la Loire, cela s'explique aussi :
1170 elle les tient pour invincibles. Mais comment pouvait-elle prévoir que les Allemands distingueraient entre les fermes évacuées et celles que les paysans n'avaient point abandonnées ? Elle ne se trompait que d'une nuance. Les Allemands en effet n'ont pillé, dans cette région, que les maisons évacuées et ne se sont
1175 point opposés au retour des paysans qui avaient fui. Mais c'est là raisonner en juge d'instruction.

À Dampierre, la Soutreux rencontre une femme, dont je ne sais rien, sinon que les gens du pays murmurent qu'elle est de la « cinquième colonne ». Elle lui parle allemand avec volubilité, avec ivresse, avec ostentation[1]. Qu'en conclure ? Sinon que, pendant l'autre guerre, j'ai su me moquer des uniformes d'espions. Je crois en vérité que la Soutreux aimait l'Allemagne d'une passion exhibitionniste[2].

On attribue aux filles une pitié sentimentale du soldat. Je crois que la Lerouchon eût accueilli les soldats français du même cœur que les soldats allemands. Il n'en était pas de même de la Soutreux. Ceci le prouve :

Sur le chemin, devant la maison, une de ces charrettes qui n'eut jamais de prototype, la charrette du bricoleur, la charrette, qui, avant l'exode, avait honte sur la grand-route. Près d'elle trois jeunes hommes se reposent, s'épongent le front. Ce sont trois soldats français de la 46ᵉ ou 47ᵉ division. Prisonniers des Allemands, ils se sont échappés. Deux d'entre eux avaient été pris deux fois et deux fois s'étaient échappés. Ils forment groupe, ils ont lié leur sort. L'un d'eux est de la Nièvre, les deux autres du Jura. On leur a donné des vêtements civils, ils se sont débarrassés de tous leurs papiers. Ils se dirigent au soleil et à la carte, évitant les grandes routes, prenant les petits chemins. Ils se sont battus dans la Somme. Le moral était bon. Ils eussent tenu s'ils avaient vu des avions français et si on leur avait donné des munitions : « Alors, disaient-ils, on a compris... La consigne, c'était sauve qui peut... »

1. De façon démonstrative.
2. Peu discrète.

Ils sont partis comme les autres, vers le sud. Ils ont rencontré un motocycliste, qui leur dit : « Ne vous en faites pas... ils sont à vingt-sept kilomètres derrière vous... » Ce motocycliste, qui parlait parfaitement français, fila devant eux. Une demi-heure après, ils trouvèrent des soldats allemands, qui leur barraient la route.

L'un d'eux est cheminot, l'autre, cultivateur, le troisième, fromager à Lons-le-Saulnier. Ils ne sont point entamés par la fatigue, ils ont fait déjà une centaine de kilomètres. Cent kilomètres encore pour que le cheminot soit chez lui. Les deux autres doivent marcher encore trois cents kilomètres de route.

Il faut dire ce qui est. La Soutreux apporta à ces trois soldats français une bouteille de vin. Mais j'évalue faiblement la générosité de ce don, parce que j'ai le souvenir du champagne qu'elle offrit aux Allemands. Non que je préfère, oh non ! les vins champagnisés. Mais je connais la hiérarchie des vins, telle que la peut établir la Soutreux.

Marcheurs expérimentés, les trois soldats mélangèrent à leur vin beaucoup de l'eau de la fontaine. Ils allaient repartir, poussant leur charrette, qui contenait quelques victuailles et trois sacs de touristes. Ils allaient repartir et nous pensions aux cinquante bicyclettes que la Soutreux avait garées dans son grenier. Nous y pensions, mais elle n'y pensait pas. Je me reproche aujourd'hui encore de n'avoir pas été impératif et brutal. Je fus lâche. Et ce fut ma femme qui fit à ce stock de vélos une discrète allusion, que la Soutreux ne voulut pas comprendre. C'en était trop. Nous avons fait un signe aux trois soldats et nous allons chercher trois bicyclettes. Les soldats bouclèrent sous leurs épaules les courroies de leurs sacs, enfourchèrent les machines et disparurent.

Je ne sais ce que les soldats sont devenus, mais la Soutreux nous voua une haine sans pardon.

Je prends un bain dans la Loire, un pauvre bain. C'est plutôt un savonnage et un rinçage. Je retourne aux Douciers par les prés. J'entends un appel. Et je vois apparaître sur le bord du fleuve, comme une divinité sortant de l'eau, un tirailleur[1] sénégalais.

Il s'était caché dans les bois, dans les boqueteaux plutôt. Quel secours lui puis-je donner ? la Soutreux ne le recevrait pas. Et, si je n'ai pas le droit de l'accuser d'être liée aux Allemands par d'autres liens que de sympathie, je la soupçonne capable pour se donner de l'importance et montrer sa gentillesse de leur livrer ce Noir. Je ne puis même pas songer à lui procurer des vêtements civils : il est noir.

Sa stature, sa démarche sont d'une élégance, que les Blancs ne possèdent guère, l'élégance des biches et des gazelles. C'est un peu ridicule et page rose du Larousse : je pense à ce vers où la déesse se révèle à sa démarche. Quel charme ingénu dans ce sourire d'innocence ! Il sourit en me parlant, il sourit sous la menace de la captivité ou de la mort, comme si ses yeux jouaient avec le paysage, jouaient avec moi, comme si, malgré la guerre, il y avait un charme dans le monde, qui le force à sourire. Je me souviens de ces Sénégalais que Lucie Cousturier[2] m'a

1. Soldat jouant le rôle d'éclaireur.
2. Peintre et écrivain français (1876-1925).

1255 fait connaître à Fréjus et de cet Amadou Lo, qui lui écrivait une lettre qui se terminait ainsi : « Je dis bonjour à tout ce qui est dans la maison et dans le jardin ». Je pense aussi à ce colonel allemand, dont la Soutreux affirmait qu'il les tuait par douzaines.

1260 Que puis-je pour lui ? Je lui conseille de ne point remonter jusqu'aux Douciers, je lui dis que les Allemands sont à Dampierre et lui conseille de se tenir caché dans le boqueteau. Il en est un, au milieu de la Loire, qu'on peut atteindre à gué. S'il peut tenir trois ou quatre jours, je suppose qu'il a des 1265 chances de n'être pas fusillé. On ne parle en effet dans le pays que d'armistice et de paix proche. Et d'ailleurs on confond le plus souvent les deux termes. Tantôt j'apprends que l'armistice a été signé à quatre heures du matin, tantôt qu'il le sera le lendemain. Mais il faut que mon Sénégalais ait de quoi se nourrir. 1270 Il tire de sa musette et me montre quatre boîtes de singe.

Je lui demande comment il a échappé aux Allemands. L'histoire qu'il me conte est si étonnante et si riche en espoir (un seul Juste[1] suffit...) que je la lui fais répéter, que je la contrôle par questions et recoupements.

1275 Il errait dans les bois. Il aperçoit un Allemand adossé à un arbre. L'Allemand lui fait signe d'approcher. « Moi *crois* qu'il allait me *tuyer*... » L'Allemand lui a donné quatre boîtes de singe et lui a dit : « Fous le camp et démerde-toi... »

*(annotation manuscrite en marge : L'histoire du Sénégalais)*

---

1. Dans la Bible, qui respecte les lois de Dieu et des hommes. Plus tard, ce titre a été attribué aux personnes non juives qui ont aidé les juifs pendant la persécution nazie.

Il fouille à nouveau dans sa musette et tend vers moi un
paquet de cigarettes. Ce n'était point pour se concilier ma
faveur. Je lui avais serré la main, nous allions nous séparer.
C'était le présent magnifique, comme aux temps légendaires.

L'armistice, la paix... « Entre l'armistice et la paix, il faut bien
compter une huitaine de jours, peut-être une quinzaine. Les
routes sont libres... mais seulement en direction de Paris... Les
Allemands veulent que tout le monde rentre à Paris... » On
entend sonner les cloches de Dampierre, c'est l'armistice,
d'autres cloches, c'est la paix... « L'occupation ne peut durer
longtemps... Mais ils demanderont une somme énorme... »

Je sais que la route est libre jusqu'à Gien, je ne sais rien
d'autre. J'erre désœuvré dans la cour de la Soutreux. Nous cherchons une autre maison, une chambre, une grange. Mais les
fermes sont assez loin, distantes les unes des autres, et, par je ne
sais quel mystère, plus cachées dans ce pays plat qu'en tout
autre. La Soutreux cependant nous invite à rester chez elle
quelques jours encore. Elle nous offre un matelas, un beau
matelas, nous dit-elle. Et elle nous convie à sa table. Je suis très
content de m'asseoir à une table. C'est un luxe de haute civilisation, dont j'avais perdu l'habitude. Mais ces repas sont
pénibles pourtant. Le silence prudent des Aufresne et le nôtre
composent une assez lourde atmosphère.

Le vieux Monsieur est retourné à Paris avec son fils. Mais,
avant son départ, il nous a dit que la Soutreux lui avait confié
que les Aufresne étaient bien indiscrets de s'installer ainsi chez
elle. C'est une façon délicate de nous faire sentir que nous-

mêmes… Il ne semblait point tout à fait satisfait de notre présence. Sans doute craignait-il en nous des concurrents dans la récupération. Il nous répétait avec insistance, la Soutreux nous insinuait avec réserve qu'on exagérait beaucoup la difficulté de circulation sur les routes. À les entendre, on roulait comme sur des autodromes[1]. C'étaient des routes beurrées où les municipalités françaises et les *Kommandantur* allemandes luttaient à qui distribuerait le plus de pain et d'essence.

Le plus grave est qu'en ceci la Soutreux n'est pas du tout monstrueuse. Elle refoule mal des sentiments assez naturels, qu'une âme un peu façonnée rejette ou transforme. S'il me fallait, je le sais fort bien, loger des inconnus dans ma maison à moi, où je ne cherche que la solitude, où je ne souhaite que la présence d'amis éprouvés, je n'en ressentirais pas tout d'abord une irrésistible joie. Je ne céderais point, avec un enthousiasme immédiat, aux règles de l'antique hospitalité ou de la tradition franciscaine[2]. Mais le moindre éclair humain chez l'hôte inconnu me ferait oublier que ma retraite est violée. Et nous ne vivons point des temps ordinaires. On fabrique pour nous de l'histoire en série. La Soutreux pas plus que la Lerouchon n'en a le sentiment. L'histoire passe sur elles comme sur des bêtes. Nous sommes des naufragés. La Soutreux ne voit en nous que des importuns[3].

---

1. Pistes servant aux essais d'automobiles.
2. Tradition religieuse de l'ordre de saint François d'Assise, pour lequel l'hospitalité est très importante.
3. Gêneurs.

Si la maison de la Soutreux était une de ces vieilles demeures,
330 où les objets et les meubles ont un rayonnement de reliques, on
comprendrait qu'elle souffrît d'y introduire des étrangers. Mais
elle nous loge tous dans des chambres vides, où le plâtre nu est
encore frais. Et le plus étonnant, c'est qu'abritant les Aufresne
et nous, elle semble se résigner à un noble sacrifice, mais que,
335 logeant une section d'Allemands, qui avaient transformé sa
maison en caserne, elle les accueillit comme les patriarches de
la Bible accueillaient l'hôte. Et cette méticuleuse ménagère ne
regarde même pas avec mauvaise humeur les boîtes de conserve
vides, qu'ils ont éparpillées dans son jardin.

340 Tout cela nous conduit à des pensées sans noblesse, qu'il me
faut bien rappeler ici. Telles sont les circonstances que la men-
dicité même nous paraîtrait à peine humiliante. Mais les
Aufresne, comme nous, ne veulent rien devoir à la Soutreux
que l'espace de sa cour et de ses chambres vides. Nous ne vou-
345 lons pas de son pain. Le pain, nous allons le chercher à
Dampierre. À deux ou trois kilomètres des Douciers, des
fermes isolées sont de nouveau occupées par leurs propriétaires,
qui n'ont pu passer la Loire. Nous y achetons des poules et des
œufs, qui servent à notre nourriture et à la nourriture de la
350 Soutreux.

Ainsi nous explorons le pays. Nous passons devant une
masure[1], au seuil de laquelle une vieille femme, appuyée sur un
bâton, demeure immobile, sauf sa tête qui tremble. Nous

1. Maison délabrée.

n'avons pu savoir si la maison était à elle ou non. Elle ne nous
1355 répond rien que : « *J'ons* marché... *j'ons* marché... »

La première ferme que nous atteignons, les gens viennent de
s'y réinstaller. Ils sont revenus, avec un grand gaillard très excité
dont je n'ai pu saisir que deux caractères : c'est un Parisien et ses
avant-bras sont abondamment tatoués. Je ne sais plus s'il est un
1360 de leurs parents ou un réfugié inconnu. Je ne répéterai ses propos que parce qu'ils expriment le renoncement total, qui, chez
une partie des Français, suivit la panique, parce qu'on y
découvre cette brutale oscillation de l'émotion de peur à l'illusion de la sécurité. Ils craignaient que les Allemands ne tuent
1365 tout, en passant. Ils ont la vie sauve. Ils ont fait : « Ouf » et ils
ne savent même plus s'ils sont désespérés ou satisfaits. Cet
homme ne conte point avec simplicité son exode, son aventure
personnelle. Il y a dans ses paroles de l'étonnement et de la
colère : « À Ozouer, on a trouvé les Allemands... Ils nous ont
1370 donné une chambre ». (Il n'ajoute pas que le village était à peu
près vide et que les Allemands y étaient peu nombreux). « Ils
nous ont donné une chambre et ils nous ont donné à manger,
le midi et le soir... Les Français n'en ont pas fait autant. »

Nous allons jusqu'à une autre ferme. Les paysans l'avaient
1375 quittée et étaient revenus avant le départ des Allemands, qui
avaient sauvagement pillé. Mais la femme put sauver son cheval, qu'ils voulaient emmener.

« Ils nous ont pris, nous dit-elle, les chemises de mon mari,
nos vêtements... Quand nous sommes revenus, j'ai tué un

canard et je l'ai fait cuire. Quand il a été cuit, un Allemand l'a pris et il l'a mangé tout seul, devant moi...

« C'était un officier, qui couchait dans ma chambre. Voyez ce qu'ils ont fait... ils ont arraché des pitons dans l'étable... (elle me montre le mur de la chambre) et ils les ont plantés là... pour accrocher le costume de l'officier... »

Dans un autre coin de la pièce, le papier de tenture à fleurs a été déchiré. C'est peu de chose. Mais il y a une propriété qui n'est que du cœur. Cette paysanne en est désolée et elle souffre de ce papier déchiré autant que du toit de son étable, troué par un obus.

Nous trouvons la Soutreux contemplant avec mélancolie son fourneau à butagaz. « J'aurais assez de gaz pour moi toute seule, dit-elle. Mais ma provision n'est pas inépuisable... À user du gaz pour tant de monde, je n'en aurai plus bientôt... Qu'est-ce que je ferai alors ?... »

Ce n'est point à nous, ce n'est point aux Aufresne qu'elle parle. Elle semble ignorer notre présence, elle semble invoquer le fourneau.

Nous tenons conseil avec les Aufresne. La Lerouchon consent à me céder quelques litres d'essence. J'ai de quoi rouler une cinquantaine de kilomètres. Aufresne, je l'ai déjà dit, est immobilisé par une bielle coulée. Il voudrait que je le remorquasse. Qu'il le sache, je l'aurais fait volontiers, si mon embrayage l'eût permis.

Où se réfugier ? Quelles routes sont libres et dans quel sens ?

Nous avons des amis dans l'Yonne. Mais n'ont-ils pas fui ? Nous décidons d'aller à Chapelon : nous demanderons asile à Abel Delaveau. Si même la Soutreux ne nous avait point fait sentir par de lourdes allusions le poids de son hospitalité restreinte,
1410 nous ne pourrions rester : nous sommes excédés de la répugnante atmosphère des Douciers, de l'odeur humaine qu'on y respire, nous ne tolérons plus l'hystérie pincée de la Soutreux, ni l'hystérie faubourienne de la Lerouchon. La ferme d'Abel Delaveau nous semble, dans notre naufrage, l'île heureuse.
1415 Mais Abel Delaveau est-il revenu chez lui ? N'est-il pas bloqué, avec ses chars à chevaux, avant Gien ou au-delà de Gien ? Qui peut savoir ? Mais nous n'hésitons plus. Nous jouons notre chance. Il est trop tard pour partir ce soir. Nous partirons demain matin.
1420    J'annonce ma décision à la Soutreux. Son visage est à la fois aigre et larmoyant. Je sais bien ses griefs : elle ne nous pardonne pas les trois bicyclettes, qu'elle n'a point osé refuser, mais qui manquent maintenant à son stock. Je ne l'accuse pas du tout d'être intéressée, je crois que sa poésie, c'est l'évaluation des
1425 objets en valeur marchande et qu'elle est en proie à une manie désintéressée de la collection, de l'accumulation. Elle ne nous pardonne point non plus nos sarcasmes[1] polis. Elle a le cuir moins épais que la Lerouchon. Accoutumée à régner sur sa bonne et sur un monde qu'éblouissaient sans doute ses glaces à
1430 quatre mille francs, elle a senti notre résistance, notre dégoût.

---

1. Moqueries blessantes.

Son malaise, elle ne peut l'analyser. Comme les fous, dont le délire n'est qu'une justification logique de leur angoisse, elle en cherche les causes. Elle en trouve d'absurdes, de puériles, mais qui ne l'obligent point à se mépriser elle-même.

135 « Monsieur, me dit-elle, je ne sais pas vraiment si je puis vous inviter encore à vous asseoir à ma table. Votre femme, hier, m'a gravement insultée... C'est elle qui a découpé le poulet... Et à qui a-t-elle tendu d'abord le plat?... Qui a-t-elle fait servir la première?... Moi?... Non, Monsieur... Suis-je ou non la maî-
140 tresse de maison?... Est-ce qu'on n'offre pas d'abord le plat à la personne qu'on honore?... »

Je voudrais m'excuser auprès du lecteur de rapporter ce dis-cours. Mais je n'écris pas un roman et je ne choisis pas mes per-sonnages. D'ailleurs la stupidité même de cette femme avait,
145 par contraste, en ces heures, une sorte de pathétique. Et cette femme, dont, en des temps normaux, nous eussions immédia-tement annulé la présence, nous avions été ses hôtes et, dans notre détresse, nous étions venus à elle, dans un élan de grati-tude anticipée.

150 Qu'elle inventât ce grief ou qu'elle y crût, il témoignait d'une forme de vanité ou plutôt de susceptibilité que je n'ai jamais constatée que chez les filles de la plus basse catégorie et encore, quand elles sont parquées.

Au reste, je supprime seulement les deux ou trois répliques,
155 par lesquelles j'ai tenté sans passion, avec une impassibilité de clinicien, de freiner son monologue. Je rapporte ses paroles,

sans y rien changer, comme un aliéniste enregistre les propos d'un malade.

La Soutreux transposait maintenant un grief plus réel :

1460    « On me traite de Boche... ça m'est égal... Et je sais bien que ça vous déplaisait que je parle allemand... Une jalousie peut-être... »

Puis elle égrène[1] un chapelet de clichés litaniques, du genre bonne femme.

1465    « Je suis simple, Monsieur... Mais, sans connaître vos moyens, j'en ai peut-être de plus grands que vous. Je ne connais pas l'instruction qu'a reçue votre femme, j'en ai peut-être reçu davantage... Le tour d'esprit de votre femme n'est pas le mien... Et pourtant il y en a qui sont venus ici et qui en sont partis les 1470 larmes aux yeux. Je regrette... Monsieur... j'aurais voulu causer avec vous de votre littérature... Mais je fais ce que je veux chez moi et l'essentiel est que je fasse bon ménage avec mon mari... »

Ce texte me paraît révélateur, je ne le commenterai pas... Pardonnez-moi, Saint-Ex, pardonnez-moi, Tonio[2]. Vous ne 1475 conteriez pas de si pauvres choses. Vous les annulez ou vous les brûlez. Vous faites du cristal. Mais je ne sais pas voler. Je touche, en ce moment, aux lieux bas. Je n'espère plus beaucoup ni de moi ni du monde. Je suis vieux, quand vous n'êtes pas là. Où êtes-vous ? Je ne sais même pas si vous êtes vivant. Je rêve 1480 parfois que votre avion a été touché, qu'il est tombé dans une

---

1. Au sens propre : prier en faisant passer un à un entre ses doigts les grains du chapelet, chacun d'eux correspondant à une prière.
2. Il s'agit d'Antoine de Saint-Exupéry.

catastrophe de ferraille et de feu. Je me traîne avec mon vieux métier. Je conte les lieux bas, je conte, dans cette immensité de la guerre, des histoires d'insectes.

Nous redevînmes donc ce soir-là, Romanis et Camps-
485 volants, dans un coin de la cour. Les Aufresne nous apportèrent de la soupe. Ma femme n'y voulait point toucher, bien que ce fût le bouillon de notre poulet. Mais Madame Aufresne insista si gentiment que nous négligeâmes complètement l'opinion que la Soutreux pourrait avoir de nous. De quel intérêt, cette
490 soupe ? diront ceux qui n'ont pas été des nomades sur les routes de la débâcle. En vérité, les Aufresne prouvaient ici qu'ils avaient de la noblesse et du courage. Leur sort dépendait de la Soutreux. Un peu de lâcheté... ils se fussent écartés de nous. Ils ne l'ont point fait. Et, quand ils eurent dîné avec la Soutreux,
495 ils vinrent un instant encore causer avec nous.

*il veulent partir au jenne abel Delaveux*

**BIEN LIRE**

**Chapitre 3**
• Remarquez l'opposition entre la ligne 498 et les lignes 528-529.
• Repérez une adresse au lecteur et dites à quoi elle sert (l. 545-546).
• Remarquez que le narrateur, par souci de vérité, rectifie page 84 (l. 613-621) ce qu'il a dit page 65 (l. 133-134).

# 4
## CHAPELON SOUS LA BOTTE[1]

Nous roulons vers Chapelon. Nous ne rencontrons sur la route que quelques autos, qui transportent des officiers allemands. Elles sont de marques françaises et les Allemands les ont peintes en gris sombre. Nous revoyons les chevaux crevés, les
5 chevaux des tableaux de bataille. Mais leur ventre a gonflé et ils dégagent une puanteur.

Nous repassons par les lieux où nous fûmes les témoins d'une bataille en réduction, où des artilleurs français se rendirent, où d'autres tentèrent, sous le feu, de ramener sur la route
10 une prolonge au fossé, où un cheval d'artillerie s'abattit sur l'aile de notre voiture. Ce paysage était gonflé de bataille, de bruit, de violence et de risque. Tout s'y composait : les Allemands casqués, les artilleurs français dégroupés, les civils apeurés, les chevaux cabrés, les chevaux couchés, les chevaux à
15 l'envers. Le paysage et la bataille étaient coupés comme par un cadre, surmontés de peu de ciel. Notre souvenir ne trouve pas sa place en ces lieux vides, où quelques autos en accordéon semblent avoir été balayées au fossé et n'évoquent plus rien qu'un accident, une collision. La route, les prés, les bois, la maison ne
20 sont plus que topographiques. Une ferme un peu en deçà de la route, une étendue plate, c'est tout.

« Le contraire des souvenirs d'enfance, dit ma femme. Les

---

1. Sous la domination de.

jardins retrouvés, que l'on croyait immenses, semblent minus-
cules. Ici, tout est vide et plus vaste qu'on ne croyait. »

25    Comment retrouverons-nous la ferme d'Abel Delaveau ?
Intacte ? Pillée ? Y est-il revenu ? Quelle tristesse, si je retrouve
la ferme abandonnée ou Abel Delaveau dans sa maison vidée,
dans son étable sans vaches, dans son écurie sans chevaux.

   Tout est intact. Abel Delaveau a fait avec ses chars le même
30 trajet que nous. Mais il a rebroussé chemin après deux jours de
route.

   Je ne dirai rien, Abel Delaveau, de votre accueil. Il y a bien
des années, j'ai failli me noyer en mer. Quand j'ai senti le fond
sous mes pieds, ce fut comme si je renaissais à une nouvelle vie.
35 À vous retrouver, ma sécurité est la même. En vous retrouvant,
je retrouve une qualité humaine, qui m'est indispensable et
dont j'étais privé depuis cette nuit où, en même temps que
vous, j'avais quitté Chapelon. Je suis délivré. L'inquiétude, la
tristesse me sont permises, mais non plus le désespoir. On eût
40 dit que vous nous attendiez. Si bien qu'il me parut tout naturel d'être venu vous demander asile, à vous qu'à peine je
connaissais encore. Il n'y eut point entre nous de vaine effusion.
Vous fûtes simple et votre femme fut simple. Simple, comme je
voudrais l'être. Je vais vous blesser peut-être, je vous sais cha-
45 touilleux sur le chapitre du paysan. Vous avez quelque orgueil
paysan. Eh bien, je vous le dis... Cette idée répandue dans les
villes que le paysan est toujours d'une patriarcale simplicité est
une idée fausse. Et surtout, je connais des paysannes qui mon-

trent, en leurs manières, plus d'afféterie[1] que les femmes de la
ville. La simplicité n'est pas le privilège d'une classe, fût-elle
paysanne. Je fus votre hôte, je ne vous remercie pas. On remercie d'un cadeau ou même d'une complaisance, mais non pas
d'un don fraternel.

Votre femme nous conduit dans la chambre où déjà nous
avions dormi quelques heures. La cheminée en est ornée d'une
pendule, de deux candélabres et d'une photographie sous verre,
entourée d'un cadre : c'est votre femme et vous en redingote, le
jour de vos noces, vous tenant par la main. Ce n'est qu'une
photographie et point à la mode du jour, mais elle a la poésie
d'une vieille chanson.

Nous ne sommes plus ces touristes détachés d'une caravane,
qui roulait encore sur terre libre. Nous ne sommes plus ces hôtes
de passage. Nous sommes, en quelque sorte, des prisonniers.
Nous n'avons plus du tout d'essence et nous ne savons pas encore
quel est, touchant la circulation, le bon plaisir du vainqueur.

À cause des travaux de la ferme, nous serions une gêne pour
Madame Delaveau, si nous mangions à sa table. Nous pren-
drons pension chez Madame Rose, femme d'un cantonnier
mobilisé ; elle habite avec sa fille et son fils, une maison à cent
mètres de la ferme. Quand je suis revenu d'Extrême-Orient, j'ai
retrouvé Marseille et la France sans étonnement. Mais en
venant des Douciers à Chapelon, j'ai vraiment eu le sentiment
d'une patrie retrouvée, un sentiment si fort que la surprise s'y

---

1. Manque de naturel.

mêle. Je ne sais comment nous aurions souffert si nous avions
75 été prisonniers en Allemagne. Chez la Soutreux, nous souf-
frions d'une atmosphère ambiguë, où l'on était suspect, si l'on
manifestait quelque regret de la défaite. En mangeant la soupe
mijotée de Madame Rose, j'ai envie de crier : « Je suis en
France... »

80 J'apprendrai plus tard qu'Abel partit avec ses charrettes à
chevaux et ses deux autos en remorque. Outre sa famille, il
emmena Madame Rose, sa fille, un vieil homme et sa femme,
qui s'en allaient à pied, se traînaient sur la route. Comme, près
de Lorris, les avions mitraillaient, ils s'abritèrent dans un fossé.
85 Un vieux paysan restait assis sur la route, les jambes pendantes
dans le fossé. Il s'offrait aux balles de mitrailleuse, aux éclats de
bombe. Il avait atteint le bout du désespoir. Abel l'engage à
s'abriter. « Mais non, lui répond le vieux, ça vaudrait mieux que
je sois touché, ça serait fini. »

90 Abel abrite sa caravane dans un bois. Les Allemands traversent
ce bois... Les femmes s'inquiètent. Abel les rassure : « Fichez-moi
la paix... vous ne voyez pas que ce sont des Anglais ?... »

Les Allemands n'ont fait que passer à Chapelon. Voici
quelques traits rapportés par Madame Rose et que je n'ai pas
95 vérifiés. Des soldats ont pénétré dans une ferme évacuée et ont
vidé tous les tiroirs. Ils ont emporté des montres, des bijoux.
Ailleurs, ils ont giflé et frappé une femme, seule dans sa maison
et l'ont contrainte à leur indiquer où elle avait caché son argent.
Ils lui ont pris trois mille francs. Cette femme ou une autre s'est
100 plainte à un officier, qui lui a répondu : « C'est la guerre... Est-

ce que vous vous occupez de nos morts ?... » Après la signature
de l'armistice, les Allemands ont dansé toute la nuit à Ladon et
deux femmes du bourg, qui auparavant « n'étaient pas légères »,
ont dansé avec eux. Et cela, alors qu'ils avaient à Ladon même,
105 fusillé treize soldats français et huit civils.

Nous n'avons eu qu'une journée sans Allemands. Le lendemain, ils étaient dans le village.

C'était après le dîner. Deux soldats sont entrés. Ils cherchent
des chambres. Madame Rose leur dit que sa maison est petite
110 et qu'elle n'a d'autre lit que le sien et ceux de ses enfants. Mais
un des soldats met la main sur la poignée de la porte, qui est
entre la cuisine et les chambres.

« Je veux voir... *(cheu feu foir...)* » dit-il.

Nous savions que nous étions sous la botte, mais nous le sen-
115 tons en cette minute à l'intérieur de notre peau.

Ils ont visité la maison et ils sont partis, sans rien dire, sans
même nous regarder.

Je n'ai pas besoin d'un dictionnaire pour définir la différence
entre la force et l'autorité. Je ne suis plus que l'homme d'une
120 tribu captive.

Ils sont près de nous, contre nous et autour de nous. Ils sont
hors de la maison et dans la maison, où ils entrent quand il leur
plaît.

Les paysans sont plus étonnés que nous de les voir mainte-
125 nant circuler à peu près nus, sauf un short ou même un caleçon
de bain tel que dans les grenouillères d'antan. Nous avons une

forte culture de cinéma qui nous a accoutumés à ce nudisme collectif. C'est ainsi qu'à l'écran les peuples se régénèrent. Mais ils ne sont pas nus seulement pour la gymnastique et les exer-
130 cices respiratoires. Ils sont nus tout le temps, nus pour manger, nus pour nettoyer leurs fusils, nus pour fumer. Ils gueulent et ils sont nus. Je sais d'ailleurs que, si je comprenais bien leur langue, la sonorité m'en serait moins sensible. Mais, quand ils parlent, il me semble toujours qu'ils gueulent. D'autant que,
135 quand ils s'adressent à nous, ils crient plus fort, pour se faire mieux comprendre.

Un soldat s'est allongé sur l'herbe, devant la maison de Madame Rose, à quelques mètres de nous. Il fait au soleil sa cure intégrale de nudisme, il poursuit jusque dans la guerre son
140 rêve et sa contemplation nudistes. Couché sur le dos, il s'exhibe en totalité. Madame Rose le traite de salaud, de dégoûtant. Mais il ne comprend pas les mots, il ne comprend que l'intention.

Nous le reverrons, accompagné d'un *Feldwebel*, taillé en
145 carré, qui parle assez bien français et qui joue la finesse.

« Il vaut mieux, nous dit-il, que vous n'ayez pas compris ce qu'il m'a dit... »

Mais il n'hésite pas cependant à nous donner un résumé fidèle de leur entretien.

150 « La morale est plus basse en France qu'en Allemagne... »

Il se penche de côté et abaisse sa main vers le sol, pour bien nous montrer le bas niveau de la morale en France.

Je crois d'abord qu'il a voulu simplement nous humilier par cette comparaison à vol d'oiseau de deux éthiques[1], de la morale
155 à l'Est et de la morale à l'Ouest. En fait, il est plus nuancé. Il fait allusion aux femmes nues de nos magazines et surtout à cet obscène photographique, où quelques-uns excellent.

Je serais tenté de lui donner raison. Je prends acte de ce qu'il n'a point mis en cause la morale, mais seulement quelques
160 signes d'une pornographie voilée, autorisée en France et interdite en Allemagne. Il sous-entend, sans doute, mais je n'y prends point garde, que l'Allemagne est vertueuse et la France dissolue[2].

Mais il est vrai que si les lecteurs français étaient sensibles à
165 l'ignoble ou simplement au laid, les magazines de pornographique artisterie n'auraient point de lecteurs. Toute loi contre la pornographie serait inutile. Cela conduit à méditer la guerre et la politique en général. Dans une vraie civilisation, la politique ne toucherait qu'à l'hygiène. Et la guerre y apparaîtrait
170 ridicule. Autant résoudre par la force une discussion biologique ou une controverse sur la poésie.

Cependant, dans la cour, un autre soldat, lui aussi vêtu seulement d'un short, joue au cerceau avec une roue de bicyclette et une pompe à gonfler les pneus. Il a sûrement dépassé la tren-
175 taine.

Il est sérieux comme un pape. Il ne s'excuse pas d'un sourire. Il joue, avec une féroce gravité, tout seul.

---

1. Morales.
2. Corrompue.

Pendant que nous déjeunons, l'homme au cerceau s'est
allongé dans un fauteuil pliant, qu'on avait laissé devant la
180 porte. Il siffle à pleines lèvres, sans interruption, longtemps. Il
se donne un concert. Il siffle. Ça ne le gêne pas.

Sont-ils « mal élevés » ou insolents ?

Ils distribuent avec libéralité des boules de pain militaire
français (pour les bêtes), et des boîtes de singe français. Ils en
185 ont plein leurs voitures. Ils distribuent aussi du tabac algérien
et des paquets de Gauloises bleues. Ils ne fument que des
cigares ou leurs cigarettes de paille. Ces restes de réquisition ou
de pillage, ils les offrent, il faut le dire, sans insolence, sans
ostentation, avec simplicité.

190 Nous avions fini de dîner. Madame Rose (les fils électriques
ont été coupés) a allumé une lampe à pétrole, la lampe à pied
d'onyx de 1900. Un soldat entre. Nous le connaissons : nous
l'avons rencontré souvent au puits et il a donné du chocolat au
neveu de Madame Rose, un enfant de trois ans. Il s'assied dans
195 l'unique fauteuil d'osier. Celui-là n'est point en short. Vêtu
d'un pantalon, il porte bretelles sur son torse nu. Il s'installe
dans le fauteuil et il siffle, sans se préoccuper de nous. Je com-
mence à croire que l'art de siffler est le propre de l'Allemand. Il
siffle : il est difficile de ne pas supposer une insolence voulue. whistle
200 Mais non… Il nous confie la raison pour laquelle il siffle. C'est
parce qu'il est d'une inaltérable bonne humeur : *Ich bin
immer lustig*[1]… »

---

1. « Je suis toujours joyeux ».

Il demande à Madame R... la permission d'écrire une lettre sur sa table.

205     « *Meine liebe kleine...* »

« Dépêchez-vous d'aller la retrouver », lui crie Madame Rose. Mais il ne comprend pas un mot de français.

Il écrit avec application ; il remplit les quatre faces de la feuille. Quand il a fini, il reste assis devant la table. On dirait qu'il se sent
210 en famille. Et je jure que, dans cette minute, il n'y a rien chez cet homme, qui puisse être appelé méchant. Mais il reste. Il faut lui signifier que nous allons nous coucher. Je n'ai jamais vu un de ces Allemands qui se croie « de trop » quelque part.

Le lendemain, il va à Paris en camion. Il en revient le soir
215 nourri de vérités révélées : « La paix sera signée dans huit ou dix jours... Londres est à peu près détruit... » Je me demande s'il sent que ces nouvelles ne sont pas pour nous d'un total agrément... En fait, je ne le crois pas. Je dois ajouter que, en ce commencement du mois de juillet, je n'avais, hors les femmes des
220 Douciers, rencontré aucun Français, qui acceptât avec satisfaction l'idée d'une paix uniquement dictée par Hitler. Nous n'avions de nouvelles que par quelques journaux allemands que nous donnent les soldats, par un numéro du *Matin* et de *Paris-Soir*, apportés de Ladon et qui sont, de toute évidence, rédigés
225 par la *Kommandantur*. Je ne dirai rien des nouvelles nées de l'air du temps. Ainsi, avant même l'armistice, on nous avait affirmé que la constitution de 1875 était abrogée et remplacée par une dictature. Les fausses nouvelles peuvent avoir une vertu prémonitoire, au moins autant que les songes.

Les nouvelles que nous transmettent les soldats allemands coïncident au point qu'on en est stupéfait. Et non seulement les nouvelles, mais leur commentaire et les sentiments de ces soldats. Le doute ne semble point être une vertu allemande. Il est vrai que, si quelque Allemand doutait, il se tairait. On dit que les nouvelles se transforment selon ceux qui les colportent. Cela n'est pas vrai pour ces fantassins allemands. Ce qui leur a été dit au rapport, ce qu'ils lisent dans leurs journaux, ce qu'ils entendent de leur radio est identiquement répété, sans une altération, comme un catéchisme quotidien, comme un mouvement de maniement d'armes. On ne sait jamais leur intention. Veulent-ils nous humilier ? Ou veulent-ils que nous participions à leur joie de vainqueurs ? Ou que nous nous anéantissions avec eux dans un rêve de pacification germanique ? Ou veulent-ils que nous nous réjouissions avec eux de la fin de la guerre ? Ils sont vainqueurs et vont rentrer chez eux. Tout au moins ils ne courent plus le risque de mort. Peut-être n'imaginent-ils pas que leur joie n'est point la nôtre. L'homme heureux ne tolère pas la peine des autres, il l'annule et il lui semble que sa joie se projette sur l'univers.

Celui-ci s'approche de nous sur la route, pour nous demander où il pourrait trouver du chocolat. Les camions de ses roulantes sont pleins de chocolat. Qu'il se mette bien avec un cuisinier ! Quant à trouver du chocolat à l'épicerie de Chapelon ou dans une des épiceries de Ladon, qu'il n'y compte pas. C'est un petit bonhomme brun, à l'air très doux, un peu ahuri, d'un type assez rare parmi ces soldats. On dirait qu'il poursuit dans la guerre un rêve de chocolat.

Il nous montre un atlas de poche et sur cet atlas les régions occupées par les troupes allemandes et italiennes. Le trait qu'il dessinait du doigt était à peu près exact. Mais nous ne le savons pas encore et nous croyons que ses chefs l'ont trompé.

Ils ont tous avalé la même certitude. Ils disent tous que la guerre est détestable et que l'Allemagne en est innocente.

« Orléans *capout*... mais les obus allemands sont si intelligents que la cathédrale n'a pas été touchée, non plus que la statue de la *Jungfrau*[1].

« La guerre... mauvaise chose pour vous, pour nous, pour tous...

« La France, la Belgique, la Hollande et le Danemark étaient sous la dépendance de l'Angleterre... C'est l'Angleterre qui a entraîné ces peuples à faire la guerre à l'Allemagne... On en a la preuve par le *Marschplan* trouvé en Belgique... Mais il ne nous faut plus que deux ou trois semaines pour en finir avec l'Angleterre. »

Je me souviens que nous avions montré au soldat en quête de chocolat la dimension du Danemark par rapport à l'Allemagne. Cela ne l'a pas du tout ébranlé. J'ai rarement aussi bien compris que tous les hommes n'acquièrent point de la même façon leur certitude.

Abel Delaveau tente d'expliquer à quelques soldats ce qu'il

---

1. Vierge.

entend par la paix et par la guerre. En substance, il dit : « Daladier, Chamberlain, Gœring, Hitler, tous salauds... » Quel que fût son effort à parler petit nègre, les soldats n'ont pas compris et peut-être cela valut-il mieux. Mais le ton d'Abel Delaveau est d'une si absolue conviction que les soldats l'approuvent en hochant la tête.

Un veau beugle dans le pré, derrière la ferme. Les Allemands l'avaient pris on ne sait où, l'avaient hissé dans un camion et l'y avaient attaché. Abel croit que c'est un de ses veaux, il saute dans le camion et s'apprête à couper la corde avec son couteau... Les Allemands crient des menaces, d'un mot : ils gueulent. Un sous-officier intervient et gueule aussi. Abel répond du même ton. Le sous-officier s'éloigne un instant, revient, armé de son revolver, le montre à Abel. Mais Abel s'était trompé. Ce n'était pas un de ses veaux. Le sous-officier n'a pas braqué le revolver au visage d'Abel. Le revolver ne fut que le symbole de la loi de la guerre. Tout s'est terminé en rire.

J'ai conté fidèlement, mais cette histoire de veau ne prouve rien, sinon qu'Abel ne se laisse pas facilement intimider, et que les soldats allemands ne tuent pas systématiquement tous les civils. La nuance du revolver montré et non braqué, elle est individuelle. Un autre sous-off y eût mis plus de brutalité. Et que serait-il arrivé, si Abel ne se fût pas trompé, si le veau eût été un des siens ? Et tout varie selon le commandement. Les premiers soldats qui passèrent demandaient du vin en braquant leur revolver. Et leur commandant était, m'a dit Abel, « une vraie brute ».

Je n'ai pas parlé de Choum, chat siamois. J'aime les bêtes,
mais n'aime pas une certaine façon d'aimer les bêtes. J'ai hor-
310 reur de ces gens qui transfèrent à un chat, à un chien toutes les
disponibilités de leur tendresse. Et je n'aime pas davantage
(comme on dit des mites et d'un vêtement), que la littérature
s'y mette.

Je dirai cependant que nous avons retrouvé Choum. Il avait
315 bien supporté les premiers jours de l'exode. La nuit où nous
quittâmes Chapelon, nous l'avions laissé dans la voiture. La
portière ouverte, il s'échappa. Il y a de cela dix-sept jours. Nous
le retrouvons au haut d'un tas de fagots. Il miaule, mais ne s'approche pas. Pendant dix-sept jours, il avait dû vivre des débris
320 de viande jetés par les Allemands.

Enfin il se laisse prendre. Nous l'emmenons dans notre
chambre. Il n'est pas effarouché. Mais rien ne me permet de
dire qu'il est satisfait en son cœur. Il s'installe sur mes genoux,
saute sur le lit, y cherche un bon coin, renonce, saute à nouveau
325 sur moi. Ce n'est encore que le retour de la sauvagerie à la
domesticité.

Mais, la nuit, il se refuse absolument à coucher sur une
chaise. Il s'installe dans le lit, contre moi. (Jamais je n'avais
autorisé ni recherché cette promiscuité[1].) Et c'est alors qu'il
330 chante l'hymne du chat qui retrouve l'homme. Ce n'était pas
un ronronnement, pas davantage un miaulement, mais un
gémissement de joie, étrange, aigu, que je n'ai jamais entendu

---

1. Rapprochement (péjoratif).

d'aucun chat, qu'il continua jusqu'à l'aube et qu'il ne recommença jamais.

335 Nous sommes assis, au soir tombant, sur le banc, adossé à la façade de la ferme. Des soldats circulent dans la cour. Un officier vient à nous et d'assez loin demande à qui appartient la ferme, quel est ici le maître responsable. Il y a bien des façons de répondre à une telle question. Abel s'est levé d'un bond. J'ai eu
340 le sentiment qu'il chargeait l'officier ; il s'est arrêté net devant lui :
« C'est moi... »

Il dit ces mots, corps et tête projetés en avant. Et sa main, les doigts écartés, s'était plaquée sur sa poitrine, comme une griffe.

Il ne se fût pas exprimé plus clairement, s'il eût dit : « Je suis
345 le maître ici, je vous tolère et je ne vous crains pas ».

J'ai pensé à un grand diable, à face de Don Quichotte, qui, au début de la guerre de 1914, dans une pagaye de régiments mêlés, la nuit, au croisement de deux routes en Woëvre, criait du haut de son cheval : « Qui commande ici ?... »
350 Je n'aurai pas la sottise de dire que l'officier allemand eut peur. Mais, soit qu'il fût troublé par cette sorte de défi, soit qu'il renonçât devant un mystère, il s'éloigna sans un mot.

J'ai pensé à vous, Monsieur von Mützenbecher. Un paysan allemand eût-il fait front ainsi ?

355 Abel m'avait conté une conversation qu'il eut avec un gradé allemand, un étudiant de vingt ans, la veille ou l'avant-veille de notre retour à Chapelon. « Tous les peuples, lui avait-il dit, sont responsables de la guerre. Mais Hitler c'est la guerre elle-même. » Le jeune homme n'avait eu un sursaut que lorsque

360 Abel prononça le nom d'Hitler. Et Abel, qui se méfie des beaux parleurs, mais qui aime l'éloquence, lui avait dit : « Vous ne pouvez rien contre moi. J'aime mieux mourir debout que vivre à genoux... »

Mais à moi, il me dit plus simplement : « Ils sont là. Il faut
365 supporter, mais non pas s'abaisser ».

Il me rapporte un signe d'abaissement. À Lorris, une trentaine de femmes faisaient la queue devant la boulangerie. Elles n'y étaient point encore accoutumées. Elles se bousculaient et bientôt s'injurièrent. Une de ces femmes interpella un soldat
370 allemand et lui demanda de « mettre de l'ordre dans tout ça ». Cet Allemand n'aimait point l'ordre autant que les autres ou n'avait pas reçu de consigne. Il « rigola ».

Les jeunes anarchisants d'avant 1914 disaient assez volontiers : « Que nous importe que les Allemands entrent à Paris ?...
375 La voirie sera mieux faite ». Mais on n'imaginait point que l'audace d'un peuple, fût-il allemand, s'attaquât à d'autres problèmes, sur un sol étranger, qu'à des problèmes de voirie. Il n'y avait point là la même bassesse que dans l'acceptation d'un ordre à tout prix, tel que l'établissent les « ingénieurs d'âmes ».
380 En ces temps lointains, parmi les Français qui s'opposaient aux points cardinaux de la carte politique, les uns avaient la pudeur de leur sens national, tenaient pour indécent qu'un fils criât sur les toits qu'il aimait bien sa mère. Les autres aimaient la France, comme aiment certains aliénés. Leur amour est un délire de
385 rage et de jalousie, nourri d'ignobles motifs. Ils accusent leur femme de crapuleux ou d'incestueux adultères.

Je m'abandonne à ces pauvres réflexions, en même temps que je suis des yeux une courbe sinueuse aux panneaux d'un vieux buffet. Ma pipe, le vieux buffet sont devenus mon opium. Mais je ne veux pas perdre mon accrochage à moi-même, je ne veux pas perdre mon accrochage à ce qu'il faut bien que je nomme la civilisation. Je ne suis pas l'homme d'une île déserte et d'ailleurs il n'y a plus d'îles désertes. Montaigne, Pascal, l'humanisme. Mais gare aux cuistres[1], qui en tiennent commerce, gare aux petits boutiquiers de l'humanisme.

Si nous en croyons l'incohérente Radio, la France aurait trois gouvernements : la *Kommandantur* à Paris, un gouvernement à Clermont-Ferrand, un autre à Londres. Et cette femme de Lorris et tous ceux qui sont semblables à elle. On est au fond. On a coulé à fond. C'est le moment de réinventer un patriotisme, de redéfinir un sens national. Belle occasion ; les gens très bien n'en ont plus.

La roulante est installée sous le hangar à côté de la maison de Madame Rose. Deux détachements viennent s'y ravitailler, le premier vert réséda[2] et botté, le second en short... Par-dessus cette ondulation d'épaules nues se détachent assez comiquement quelques faces à forme de nuque, telles que le peintre Grosz en dessina après la guerre de 1914, et la tête pointue d'un petit *Herr Doktor* à lunettes.

1. Pédants (personnes qui étalent leur savoir) ridicules.
2. Plante à fleurs jaune verdâtre.

410 Un commandement. Le groupe des hommes en short, quatre par quatre, s'éloigne. Mais l'homme de tête, en manière de blague, lance la jambe en avant, comme s'il allait partir au pas de l'oie. Je fais mon possible pour me débarrasser d'une idée stupide : ce soldat se délivre, comme il peut, de l'oppression.
415 C'est tout un régime dont il se moque. Sa jambe lancée en avant fait un trou dans le régime. Il botte Hitler.

Un des hommes de la roulante s'est emparé d'une robe et d'un tablier, que Madame Rose avait lavés et qui séchaient sur une corde. Et il les emploie à frotter et astiquer les roues.
420 Madame Rose s'en aperçoit, les lui arrache des mains et l'accable d'injures : « Vous allez *vouair* si *j'ons* lavé cette robe pour nettoyer votre cambouis. » (Ainsi parle-t-on à Chapelon et, après le séjour aux Douciers, cette prononciation m'émeut et me plaît, beaucoup plus que si j'étais né en Gâtinais.) Les
425 hommes de la roulante hurlent des « *capout* ». Mais ils cèdent.

Ils astiquent les rayons à grands coups de brosse. Une heure plus tard, un officier inspecte la roulante. C'est ainsi dans toutes les armées du monde. Mais non pas sans nuances. Un officier français eût trouvé sans doute que les rayons de la roue
430 étaient coupables de ne point briller autant que les rayons du soleil. Mais l'officier allemand fait un discours qui s'entend de loin. Je dis un discours, car je n'arrive point à savoir s'il gronde, réprouve et menace ou s'il fait à ses hommes un cours sur la technique du nettoyage des roues de roulante. Le ton est à la
435 fois autoritaire et litanique. On dirait qu'un prophète est venu ou qu'un prédicateur prêche sur les roues des roulantes.

Un soldat se lave au puits. Un athlète soulevant des haltères, est tatoué sur son bras. Ce n'est pas une croix gammée, ce n'est pas le portrait d'Hitler. C'est un athlète aux biceps gonflés. Ainsi l'art du tatouage se développe, indépendant des régimes, fidèle à lui-même.

J'accompagne Abel Delaveau au bourg. Ladon compte un millier d'habitants. Depuis des jours, mes yeux n'ont vu qu'une cour de ferme, et entre la ferme et la maison de Madame Rose, une meule de paille et un tas de pulpe de betteraves. Ladon me semble une grande ville.

Le beau-frère d'Abel, un instituteur en retraite, habite Ladon. Il avait fui à bicyclette, avec sa femme. Quand il est revenu, sa porte avait été enfoncée et démolie, mais il a retrouvé ses meubles.

Il est bien vrai que les Allemands ont fusillé treize soldats français et huit civils. À Ladon, comme en d'autres bourgs français, il y eut tentative de résistance. Quelques civils (des réfugiés) s'étaient joints aux soldats. Les Allemands les découvrirent dans une cave, où s'étaient aussi cachés deux habitants du bourg, un vieil homme et sa femme. Ce vieux couple, connaissant bien les lieux, put s'échapper à travers champs. Les Allemands emmenèrent les autres et les collèrent au mur. On y voit encore des traces de sang. Puis ils jetèrent sur tout le groupe de maisons des bombes incendiaires. On ne voit plus que des pans de mur et des décombres, des façades trouées et des gravats.

Les Allemands ont creusé deux tombes, une pour les soldats,

une pour les civils... Ils ont planté deux croix. Sur l'une :
465 « *Dreizehn Soldaten*[1] ». Sur l'autre : « *Acht Franzosen*[2] ». Sur chacune de ces tombes communes, ils ont jeté quelques fleurs.

« Savez-vous, nous dit M. D..., quels sont les vrais responsables de la débâcle ? ce sont les instituteurs. J'ai entendu cela
ce matin même. Responsables et par leur enseignement et par
470 ce que, presque tous officiers, ils ont donné le signal du sauve
qui peut. »

Je pensai qu'il répétait les paroles d'un fou ou qu'elles étaient
le signe d'un délire de parti, cherchant n'importe où ses per-
sonnifications et ses symboles. Mais j'ai, depuis, entendu de
475 nouveau cette accusation. Et je me souviens du pharmacien
mystique, qui déclarait avec satisfaction que la guerre aurait du
moins cet excellent résultat qu'on ne pourrait plus payer les instituteurs et les députés.

« Je n'ai jamais fait métier de patriotisme, nous dit M. D...
480 avec une solennité patriarcale. Mais j'ai fait l'autre guerre et j'ai
dit à mon fils : "Fais ton devoir..." ».

Son fils est aspirant à Saumur, et lui a dit, pendant une permission, que tous ses camarades étaient fascistes. Ce débat est
hors de mon objet. Je conte et résiste aux commentaires. Mais
485 je constate que cette guerre a augmenté les haines politiques et
que les partisans de l'ordre à tout prix, semblables en ceci aux
révolutionnaires hypnotisés par les Russes, ne conçoivent cet

---

1. « Treize soldats ».
2. « Huit Français ».

ordre que sous des figures étrangères. Et je crois que la France, c'est Abel Delaveau et ce vieil instituteur.

490     Le charme de Ladon, c'est une petite rivière sans berges, qui passe entre les maisons, encadrée par des façades et des feuillages, une rivière intime. C'est un décor aimable et vieillot, où l'eau a un air ancien.

    Des soldats allemands se sont emparés d'une barque, la seule

495 peut-être qu'a jamais connue la rivière. La barque glisse et l'un des soldats, debout à l'avant, joue de l'accordéon.

    Ce ne sont que des soldats qui se divertissent. Mais ils jouent sérieux. Je jurerais qu'ils croient nous charmer. Ils sont les gondoliers de la victoire, ils révèlent au peuple vaincu la

500 façon d'utiliser un décor et la poésie de l'accordéon sur une barque. Je ne saurais dire pourquoi... j'ai revu, dans cette minute, l'étrange restaurant berlinois, où j'avais dîné, il y a une dizaine d'années. C'était une immense bâtisse. Chaque étage évoquait un pays, une province. Des paysages en trompe l'œil

505 couvraient les murs. Les serveuses étaient déguisées, qui en Bavaroises, qui en Autrichiennes. Tout était folklore, Opéra-Comique et panorama.

    La canaille fanfare emplit le silence, qu'enfermaient ces façades, ces feuillages retombants et ce filet d'eau. Les orgues

510 de l'accordéon s'entendent dans le bourg. À cent mètres, une sentinelle monte la garde devant la mairie. À cent mètres sont les tombes.

    Une trentaine de prisonniers français sont parqués dans un garage de Chapelon. Je voudrais causer avec eux, connaître leur

515 guerre à eux. C'est difficile. Ils disent seulement qu'ils n'ont pas
à se plaindre des Allemands. Et quoi raconter ? Tout se résume
pour eux en ceci : ils tenaient, ils n'étaient pas découragés et
soudain il semble qu'on les ait affranchis de la discipline militaire et qu'on les ait lâchés sur les routes, comme on donne la
520 liberté à un oiseau, qui ne sait pas voler hors de sa cage. On ne
leur a même pas distribué une vérité standard. Leur silence
contraste avec la loquacité[1] des Allemands. Le plus étrange, le
plus inattendu, c'est que les Allemands révèlent d'eux-mêmes
davantage avec des mots allemands détachés, dont souvent
525 nous ne cherchons le sens que dans leur regard.

Un soldat étend sa chemise sur une corde, au soleil. Il est mal-
adroit, il ne sait même pas se servir des pinces à linge, qui sont à
demeure sur la corde. Madame Rose lui montre comment on s'y
prend. C'est tout. Elle n'a pas dit un mot. Veut-elle se concilier
530 la bienveillance du vainqueur ? Non... c'est plus fort qu'elle ; elle
ne peut tolérer le travail mal fait. Mais ces menus services, les
boîtes de singe et le tabac distribué, les gestes même pour inter-
dire aux soldats l'entrée du hangar, qui sert de petit atelier et où
ils ont déjà volé des outils, tout crée un contact, une accoutu-
535 mance. L'histoire est difficile. La France est grande. Chapelon est
petit. Une cour de Chapelon est plus petite encore que
Chapelon. La *Kommandantur*, depuis le départ de la « vraie
brute », réprimande en principe le chapardage. On conçoit ainsi

---

1. Abondance de paroles.

que de pauvres gens aient pu perdre le juste équilibre entre la sou-
540 mission à la contrainte et le sens de leur dignité.

Cette guerre ne s'est point développée comme les autres. On
n'y a point créé de la haine par images d'Épinal. Il est assez
remarquable que l'on n'entende presque plus le mot « Boches »
et que les Allemands soient devenus les Allemands. Mais ce qui
545 me paraît non moins étonnant, c'est que les femmes ne disent
pas les Allemands, mais les soldats. Comme s'il y avait une sorte
d'équivalence entre toutes les armées du monde.

Les Allemands sont partis. Nous espérons qu'il n'en viendra
pas d'autres. Évidemment, à juger avec quelques mois de recul,
550 cet espoir est absurde. Mais le mot « occupation » n'a point pour
nous une signification bien définie. Les Allemands remontent
vers Paris et vont rentrer chez eux. Chapelon est à quatre kilomètres de la grand-route. Ils nous oublieront peut-être.

Ils sont partis. C'est presque la paix. C'est le silence du cré-
555 puscule, comme dans tous les villages au temps de paix. Je dis
à Abel Delaveau : « Le village se ressemble à lui-même ».

« Oui... mais pas tout à fait. Il y manque le grincement d'une
charrette qui rentre, un cycliste... »

Le lendemain, de nouveaux convois passent sur la route. Les
560 camions se suivent à distances si absolument égales qu'on pense
à une parade géométrique. Le bruit de roulement est continu,
un bruit de cailloux sur un tapis incliné. Je l'éprouve à nouveau
ce sentiment que ce qui passe sur la route passe sur moi, que ce
qui pèse sur la route pèse sur moi.

565 Des officiers sont descendus de leurs voitures et échangent des saluts à haute tension. Ils braquent leurs jumelles vers l'arrière du convoi et vers le ciel, où trois avions volent haut.

Des avions anglais peut-être. Qui a dit cela ?... Je ne sais plus. C'est le suprême espoir et il me semble alors que c'est l'espoir 570 dans un miracle.

Cependant le bruit est venu de Ladon que la Russie avait pris la Bessarabie, la Pologne, la Prusse orientale. Les Allemands garent quelques canons dans un pré sous des arbres. On en conclut qu'ils se cachent des avions, on affirme que les officiers 575 ont l'air inquiet.

Les canons resteront dans le pré. Un groupe d'artillerie s'installe dans le village.

Les canons sont dans le verger et les soldats en short sont partout. Nous sommes sous la domination des canons et des 580 shorts. L'oppression, ce sont des canons et des shorts.

C'est un régiment d'artillerie, dont le recrutement est saxon. Ils tiennent tous à nous faire savoir qu'ils sont saxons. Mais ils ne manquent jamais d'ajouter que, Saxons ou Prussiens, ils sont tous Allemands. Il est vrai qu'ils ne sont point arrogants et sar- 585 castiques à la manière des soldats qui, avant la signature de l'armistice, cantonnaient aux Douciers. Ils ne sont pas non plus absolument semblables aux soldats qui, avant eux, occupaient Chapelon. Mais est-ce différence de province ou différence d'arme ? Les autres étaient des fantassins, ils sont artilleurs. En 590 fait, ils semblent moins absolument militaires. Pour se ravitailler à la roulante, ils ne viennent point en rang serré. Et ils sont capables d'emporter leurs bouteillons sans obéir à un commandement et sans s'assembler en formation par quatre.

Ils ont beau être saxons, ils n'en atteignent pas moins, quand
595 ils se rassemblent pour le rapport dans la cour de la ferme, à une étonnante perfection militaire. La rigidité, l'immobilité et l'unanimité de leur garde-à-vous sont idéales. Leurs « tête-à-droite », « tête-à-gauche » sont des chefs-d'œuvre de mécanique interchangeable. Leur enthousiasme même est militariste. Le
600 cri de gorge est prévu par la théorie comme le « à-gauche-en-ligne », le serment, comme le « tête-à-droite ». Au commandement, ils poussent ensemble un cri, un « *heil* », je crois. On penserait au cri d'admiration, au hurlement en blague qu'on entendait naguère dans les salles de garde ou les caveaux « artis-
605 tiques ». Mais c'est plus concentré. On dirait plutôt un brutal, un impératif coup de klaxon. Je ne comprends pas ce que leur dit l'officier. Il psalmodie[1] rauque, mais il psalmodie.

La roulante n'est plus sous le hangar, près de la maison de Madame R... Elle est juste en face de la porte d'Abel Delaveau.
610 Ils l'ont installée là, sans doute pour être tout à côté du puits. On ne peut entrer dans la maison sans passer devant les cuisiniers, leurs amis ou les groupes de soldats qui se ravitaillent. Ça ne les gêne pas.

J'entre de temps en temps dans la maison pour ne pas les
615 voir, pour les oublier. Alors je me sens un instant soulagé,

---

1. Parle d'un ton monotone (à l'origine, réciter des psaumes – prières – d'un ton monotone).

comme si j'entrais dans un bain, après une grande marche. Nous avons une courbature d'Allemands.

Ils sont propres. Ils font leur toilette au puits, torse nu. Ils se plongent la tête dans un seau. Mais ce n'est pas tout à fait ce que nous appelons propreté. C'est un exhibitionnisme de la propreté. Ils vous dégoûteraient de l'eau à tout jamais. La civilisation n'est pas exclusivement une pompe, un robinet ni même un appareil à douches. J'avais déjà senti cela en Extrême-Orient, quand je voyais les Européens si fiers de leurs installations hydrothérapiques[1].

Ils sont gais. Mais quels rires! Un rire qui vient du périnée[2] et que la gorge amplifie à la façon d'un haut-parleur. Oserons-nous jamais rire encore?

Ils désirent être courtois[3]. Mais, s'ils veulent vous parler et que vous leur tourniez le dos, ils n'hésitent jamais à vous toucher l'épaule.

Le cuisinier nous annonce que l'Espagne a pris Gibraltar. C'est sur le *Völkischer Beobachter*[4]. Toute nouvelle qui leur est agréable, ils la supposent agréable à l'univers.

Le jour, la nuit, une sentinelle, l'arme à la bretelle, fait le tour du village. La nuit, elle passe tout près de notre fenêtre. Le bruit de ses bottes couvre le bruit des chevaux heurtant les bas-flancs et la flûte magique des crapauds.

---

1. Soignant par l'eau.
2. De la partie inférieure du petit bassin.
3. Polis.
4. Journal nazi.

Ils défilent en caleçon de bain par quatre, au pas cadencé et
en chantant. Mais leur chant est militarisé, déterminé par le
manuel du soldat et réglé comme roulement de tambour. Ils
chantent tantôt tous les quatre pas, tantôt tous les huit pas.
Tantôt le chant s'élève et tantôt le bruit du pas cadencé. Ce
mélange de nudisme de parade et de chant fait penser à une
blague surréaliste ou à ces caricatures, où l'on voit un nègre nu
en chapeau haut de forme.

Ils sont peut-être ridicules. Mais, comme disent les paysans,
ils sont les maîtres. Sur un mur, face à la mairie, la
*Kommandantur* a apposé une affiche blanche en allemand et en
français. « Aux populations occupées... » La traduction est d'un
français douteux, mais non pas obscur. « Les troupes d'occupation doivent ménager les populations, si celles-ci se tiennent
tranquilles. » Personne ne m'avait encore promis de me ménager. « Il est interdit d'écouter en public ou à plusieurs personnes
ensemble tout poste non allemand à l'exception d'un poste
étranger, autorisé par le Commandement. »

Le bruit court qu'ordre a été donné de porter à la mairie tous
les postes de T.S.F. Ce bruit ne sera pas confirmé.

« Ils ont dit en T.S.F., rapporte Madame Rose, que les
hommes réfugiés devraient rejoindre à pied, que les femmes et
les enfants seraient rapatriés. »

Ce qu'ils disent... Nous ne dépendons plus que de ce qu'ils
disent. « Selon qu'on aura la tête plus ou moins forte, dit
Madame Rose, on pourra bien aller en prison... »

C'est un colosse, un colosse troué de deux yeux bleus. On ne

sait pas pourquoi ses deux yeux sont au milieu du visage. Ils pourraient être, sans qu'on en fût étonné, en n'importe quel autre point du corps. Le modelé du visage en effet n'est guère plus délicat que le modelé d'une cuisse ou d'un avant-bras. Ce
670 colosse s'assied sur le banc à côté de moi. Et il me raconte sa vie. Il est âgé de trente et un ans. Il s'est engagé pour douze ans et il a fait déjà huit ans de service. Ses trois frères sont soldats aussi. Il est caporal, caporal d'ancienne date. Il est fier et de son grade et de l'ancienneté de son grade. Le jour où il fut nommé
675 caporal fut un grand jour... Il a passé par Romorantin et par Orléans, il a fait son devoir, il a servi sa patrie (*Pflicht*[1]... *Vaterland*[2]) et il a eu la chance de n'être pas blessé et d'avoir gardé sa bonne santé.

Il me parle aussi de l'occupation de la Rhénanie par les
680 Français et de l'Angleterre, coupable de la guerre. Mais très peu, beaucoup moins que les autres. Son fort n'est pas la politique étrangère. Et ce n'est que par gentillesse, pour le cas où je ne serais pas en possession de la vérité qu'il touche au rapport, comme il touche sa ration à la roulante. Il partage avec moi.

685 Le lendemain, je feins de ne pas reconnaître le caporal colosse. Mais en vain. Il vient droit à moi et m'apporte trois paquets de cigarettes... Le surlendemain, je fuis encore. Mais il a pour moi d'autres confidences en réserve. Il me montre son officier, me dit qu'il n'est âgé que de vingt et un ans et qu'il n'a

---

1. « Devoir ».
2. « Patrie ».

pas d'expérience. Il me conte une assez longue histoire, que j'ai très mal comprise. Je crois qu'il s'agit d'un coup dur, où le caporal expérimenté suppléa à l'insuffisance du jeune officier, qui n'avait que le savoir des écoles.

Tout ce que je tenterai pour échapper au caporal colosse sera vain. Il m'apporte des paquets de tabac, des paquets de cigarettes. Ce n'est que du tabac pillé. Mais il m'apporte une boîte de cigarettes, qui lui a été envoyée par sa « Mamma ». Et dix fois, avec attendrissement, il me répétera : « Mamma... Mamma !... »

Je ne puis en douter : le caporal colosse a besoin d'un confident. Il ne le trouve point dans son armée. Et c'est moi qu'il a choisi, pour des raisons que Dieu seul sait. Il cherche le frottement humain. Son cuir[1] est épais. N'importe, je comprends qu'il cherche à sa façon ce que Montaigne appelle « l'exercice des âmes, sans autre fruit ».

Je dois tout dire du caporal colosse : on verra plus loin pourquoi. On verra quels contrastes peut révéler un homme, fût-il caporal rengagé, fût-il allemand. Le caporal colosse s'était approché du banc où nous étions assis. Un voisin d'Abel Delaveau, mutilé de l'autre guerre, me montrait son bras atrophié et sa main inutilisable, qu'il tenait presque toujours gantée. Mais il avait ôté le gant. Et cette main apparut blanche, amincie, avec des ongles roses, dérisoirement semblable à une main de femme oisive, tandis que l'autre était une main de pay-

---

1. Peau.

715 san, large et calleuse. Le fermier releva sa manche : le bras était squelettique. Alors le caporal colosse, s'offrant à la comparaison, tout souriant, releva ses manches, lui aussi et, croisant les bras, fit saillir les boules athlétiques de ses biceps.

J'ai pensé : « C'est cela l'Allemagne ». Et longtemps je n'ai pu
720 résister à cette pensée trop simple.

Nous sommes « entretenus ». Les soldats distribuent des boîtes de singe, de sardines, de « *salmon* », du chocolat, des bonbons. Mais tout est de marque française. Tout vient de Rouen ou d'Orléans, tout a été pillé. Lorsque nous étions assis sur
725 l'herbe, à quelques kilomètres des Douciers, avec les Aufresne, un soldat allemand nous avait tendu une boîte de singe. C'était la première fois. Et nous avions faim et nous n'avions rien d'autre à manger. Si j'avais été seul, peut-être alors aurais-je refusé ce présent du vainqueur.

730 Je dis : peut-être. En ces sortes de choses, il ne faut point engager légèrement sa parole. Il ne faut point juger par catégories et traduire l'honneur en droit romain. Tout est selon la circonstance, tout dépend de rien, d'un regard. Ce jour-là je n'eus point à décider moi-même. Ce n'est pas moi qui pris la boîte de singe
735 des mains du soldat. Mais j'en ai mangé comme les autres.

Cela devient un jeu. Chacun montre les présents des soldats comme il exhiberait un butin. Les terriens n'ont pas une casuistique[1] du point d'honneur. Après tout, ce n'est pas une accep-

1. Subtilité excessive.

tation, mais une reprise. Nous sommes d'ailleurs des manières
de[1] prisonniers. Et les prisonniers ne tiennent pas à honneur de
se laisser mourir de faim.

La roulante, je l'ai dit, est face à la cuisine de la ferme. Le
banc est un bon poste d'observation. Le caporal colosse vide
une bouteille de vin d'un seul trait, sans que ses lèvres quittent
le goulot. Il se remplit de vin, comme il remplirait un réservoir.
Un soldat tient d'une main une plaque de chocolat et de l'autre
une motte de beurre. Alternativement, il mord dans le chocolat et dans le beurre.

Les soldats volent des œufs, des pommes de terre. Ces
voleurs de pommes de terre ne doivent pas être des ruraux. Ils
arrachent le feuillage, ne déterrent que des tubercules gros
comme trois têtes d'épingle et ne creusent pas plus profond.

Ils ont jeté une cartouche dans la mare d'Abel Delaveau. Les
poissons y flottent le ventre en l'air. Tantôt on se plaint, tantôt
non. La *Kommandantur* est la toute-puissance. On ne sait s'il
vaut mieux supporter ou protester.

Des ruches étaient installées à côté d'un vieux moulin à vent.
Les ailes, depuis longtemps, en avaient été détachées et les
poutres de vieux bois étaient entassées à côté des ruches. Des
soldats ont mis le feu aux ruches et aux poutres. On aurait pu
supposer que ces voleurs de miel n'étaient que des maladroits.
Mais pourquoi ont-ils mis le feu aux ailes du moulin ?

1. Des sortes de.

Je suis allé jusqu'au moulin. Les ailes brûlent encore. Un essaim s'agite en vol plaqué devant une ruche à demi calcinée.

765 Si je reste longtemps loin de la ferme, je me sens plus exilé encore. Je n'arrive pas à composer ce ciel et ces bouquets d'arbres. Les cultures sont si serrées que tout le pays semble un grand magasin aux innombrables rayons de blé et d'avoine.

Un soldat demande à acheter du lait. Il est en caleçon de 770 bain. Mais il est poli. Il salue d'un coup sec de la tête et d'une révérence. Il ne me semble point que ce costume et cette révérence s'accordent. Mais les Allemands ont-ils le sens du ridicule ? Et il a sans doute oublié qu'il était en caleçon.

Ces artilleurs saxons n'ont pas le type germanique des fan-775 tassins qui occupaient le village avant eux. On ne voit plus de têtes de mort surmontées d'étoupe[1]. La plupart sont bruns et d'un type assez méridional. Mais, bruns ou blonds, leurs idées sur la guerre sont de la même usine. Leur roulante des nouvelles est une machine parfaite. Sans doute leurs journaux sont iden-780 tiques, mais ils les digèrent identiquement. Hitler aime la paix et la guerre ne fut jamais voulue que par l'Angleterre.

Ils sont indiscrets. Mais ce mot a-t-il un sens pour eux ? Tous me demandent quel est mon métier. Je ne comprenais pas le mot « *Beruf*[2] ». Par analogies et par gestes, ils m'en ont fait 785 découvrir le sens. Ce fut si difficile qu'un instant j'en oubliai la guerre et répondis comme un écolier interrogé. Je n'étais plus

1. Ici, de cheveux ternes et emmêlés.
2. « Métier ».

en pays occupé, mais en huitième et je revoyais les colonnes de mots d'un vieux lexique.

Un soldat, qui lave son linge dans un seau, lève la tête et nous dit : « l'Angleterre est en guerre avec la France ». Cette nouvelle nous paraît grossièrement absurde. Il va de soi que nous ne pouvons rien imaginer des faits réels qu'elle altère et transpose sur un plan de propagande.

Il nous offre un numéro du *Völkischer Beobachter*. Toute une page en est remplie d'annonces mortuaires, chacune encadrée dans un filet noir... Chacune concerne un soldat mort au front, non pas seulement pour l'Allemagne, mais : « *Für Führer und Vaterland*[1] ».

Les cuisiniers épluchent des légumes. Ils ont installé sur une chaise un phono, qui débite des valses. Des soldats crient et braillent, remuent à grandes pelletées des gravats de mots. La paix de la cour est violée. Nous ne sommes même plus les maîtres de notre silence.

Les sous-officiers prennent leurs repas dans la salle de ferme, cuisine et salle à manger. Abel Delaveau n'est plus à son bord le maître après Dieu. Il n'est point de force qui puisse en ce moment les chasser de cette salle. Ils ne font point attention à nous et nous feignons de les ignorer.

Mais il n'en est pas ainsi avec les cuisiniers. Ils se servent du fourneau pour les « repas fins ». Madame Delaveau a exigé d'eux par paroles et gestes qu'ils n'usent point de son charbon,

---

1. « Pour le Führer et pour la Patrie ».

mais du leur. Ils ont cédé. Ils ont offert un peu de café, un peu de sel.

Un soir, nous étions tous assis sur le banc devant la maison.
815 Ils ont apporté leur phono. Ce n'est pas seulement un concert pour eux. C'est un concert pour nous. Ils nous offrent une valse de Johann Strauss, une chanteuse faubourienne, un comique du genre Ouvrard[1]. Nous formons deux groupes sans hostilité, mais sans jointure.

820 L'un des cuisiniers a apporté une grammaire allemande. Il s'assied à côté de la fille de Madame Rose, une jeune fille de seize ans. Ils se penchent tous deux sur un exercice de vocabulaire. Cela était simple, sans rien d'ambigu. La jeune fille ne se pose aucun problème. Ce n'est pas une paysanne ; elle fait un
825 monotone travail de confectionneuse, elle rêve sans doute de Paris et des grands magasins. Ces soldats de Saxe et du Rheinland ne sont pour elle que des jeunes gens en vacances.

Spectacle qui eût été intolérable, pour le revanchard, le badaud[2] des revues de 14 Juillet, le patriote de café-concert.
830 Mais ce sont des types disparus et qui ne sont point à regretter. Je me demande d'ailleurs si, dans toutes les guerres, il n'y eut point de ces contacts entre populations vaincues et soldats vainqueurs. Les historiens et les romanciers les ont négligés, parce qu'ils voulaient leurs récits édifiants et pudiques, parce que ces

---

1. Chanteur français, né en 1890, qui contait les ennuis de santé d'un bidasse (« Depuis que je suis militaire [...] J'ai la rate qui se dilate », chanson ressuscitée grâce à une scène de Jean-Pierre Bacri dans *On connaît la chanson*).
2. Promeneur attentif au spectacle de la rue.

835 pauvres détails brisent leur ligne générale, altèrent leur grossière imagerie.

Abel a beau me dire : « Pris à part, ce sont des hommes comme nous », il sent comme moi que toute acceptation de ce que l'ennemi ne peut exiger par contrainte laisse toujours à 840 réfléchir. Madame Rose pense plus simplement que, passé huit heures du soir, les jeunes filles ne doivent pas badiner[1] avec les soldats et elle ordonne à sa fille d'aller se coucher.

Nous mangeons, et de la bonne soupe. Nous avons retrouvé le rite des repas, un instant oublié. Nous couchons dans un bon 845 lit. Mais nous ne savons rien de notre fils et de ses deux amis. J'ai beau répéter à ma femme « qu'il ne peut rien leur être arrivé », il m'arrive d'imaginer le pire. Je les vois couchés dans un fossé, mourant de faim ou blessés. Je vois mon fils errant, cherchant un morceau de pain. Sont-ils retournés à Paris ? 850 Sont-ils à Tournus, à Trévoux, à Saint-Amour, trois ports possibles, où ils seraient en sécurité ? Aucun moyen de communiquer avec eux. Et nous sommes immobilisés, comme ils le sont peut-être. Si même nous avions de l'essence, où les chercherions-nous ? C'est sans cesse la même délibération à vide.

855 Nous menons une étrange vie, qui n'est accrochée à rien, sinon à la bonté, à la délicatesse des Delaveau. Nous sommes des prisonniers isolés de tout. On ne reçoit que d'informes nouvelles sur la réparation des fils électriques, le rétablissement

---

1. Plaisanter.

des trains et de la poste. Les plus tragiques rumeurs et les plus
860 contradictoires circulent sur les événements militaires et politiques. Vraisemblables ou folles, elles s'altèrent de bouche en
bouche. Elles semblent nées par génération spontanée, la politique y est transformée en image d'Épinal, elles ne sont qu'une
affabulation de la peur, elles trompent une faim de certitude,
865 que rien n'alimente. La mitraillade est moins déprimante.

On dit qu'au pont de Gien et au pont de Sully, les
Allemands, pour déblayer plus vite le passage, ont jeté à l'eau
les autos, les bicyclettes et les voitures d'enfants. Le récit est
d'une étonnante précision : au pont de Gien, l'Allemand, qui
870 gardait le trottoir de gauche, enlevait les enfants, avant de jeter
les voitures à la Loire, mais l'Allemand, qui était de garde à
droite, jetait le tout à l'eau, enfants et voitures.

Aujourd'hui 4 juillet, un soldat nous montre un journal allemand du 29 juin : l'auto de Monsieur Paul Reynaud[1] a capoté
875 sur la route de Saint-Tropez. Le maréchal Balbo[2] est mort dans
un combat aérien. C'était « un grand ami de l'Allemagne ».

Le plus maigre cadeau de ce qu'on appelle la civilisation, c'est
que le détail des événements, sinon leur sens n'échappe point
tout à fait aux hommes. Mais ce hameau du Gâtinais est loin
880 des événements comme le Sahara. Et jamais les destins indivi-
duels ne furent, comme en cette guerre, plus étroitement liés à

1. Président du Conseil et ministre des Affaires étrangères jusqu'au 16 juin 1940. Refusant la capi-
tulation face aux Allemands, il cède sa place à Pétain qui le fait emprisonner. Il sera ensuite déporté
en Allemagne.
2. Ministre de l'Air italien, il dirigeait personnellement des raids aériens.

ce que nous appelons l'histoire. Notre vie est faite d'attente, d'angoisse et de longueur de temps.

Le caporal colosse voudrait bien causer avec moi, me conter encore en petit nègre germanique les grandes étapes de sa vie, me montrer encore la photographie de sa femme. Hier il m'a dit ce qu'il comptait faire, quand il serait libéré du service. Mais je n'ai pu comprendre si le métier qu'il me désignait par le geste des deux bras levés et le mot de « *Schwarzer Mann*[1] » était celui de mineur, de charbonnier ou de ramoneur. Je le fuis. Et pourtant j'ai vu qu'il dissimulait dans sa main deux paquets de tabac. Je n'ai jamais fait preuve d'autant de dignité. Il est déconcerté. Il me fait un beau salut militaire. Comme il saluerait un chef. Tout est correct et réglementaire en ce salut, sauf le sourire un peu déçu qu'il y ajoute.

Le meilleur moment de la journée, c'est quand Abel Delaveau ramène une charrette de fourrage. J'assiste à l'engrangement. Puis nous nous asseyons sur le banc ou dans la salle, si elle est vide d'Allemands, et nous causons.

Mais surtout je rumine le temps, la longueur de temps. Les émigrés jouaient du clavecin à Coblentz, les révolutionnaires d'avant 1914 buvaient du thé à Londres ou à Zurich et reconstruisaient le monde en imagination. L'histoire leur laissait de petits coins, qu'elle ne nous laisse pas.

J'ai dit déjà comment je corrigeais l'histoire. J'ai organisé maintenant un véritable atelier de réparations historiques.

1. « Homme noir ».

L'histoire obéit à mes commandements. La victoire fait craquer l'Allemagne, comme l'eût fait craquer la défaite.

J'ai même inventé un dispositif électro-mécanique. Rumination du songe. « N'est-ce pas, Saint-Exupéry, que mon idée est excellente ? » Je place sur chaque avion un petit tube, dont les rayonnements font éclater tous les moteurs qui ne sont pas munis d'un tube compensateur.

Je sens peser sur moi toute la stupidité de la guerre. Comme entre 1916 et 1918. Mais l'autre guerre stupide était nourrie de passions. Depuis la débâcle, il me semble que la foule française contemple les événements, comme les paysans regardent tomber la grêle. Le visage de la défaite, je l'avais vu aux soldats fuyant sur les routes, je ne l'avais pas vu aux civils. Et je n'avais vécu que la défaite et non pas encore ces jours, où il semble qu'un peuple renonçait à lui-même. Mais vous étiez internationaliste ? Imbécile... vous répondraient Abel Delaveau et des milliers de paysans. Pas depuis que le mot avait perdu son sens. On n'unit pas du néant à du néant. Et ce renoncement était en lui-même répugnant. Si j'avais vu un autre peuple consentir soudain à la domination française, parce que la France eût été victorieuse, j'aurais méprisé ce peuple.

Chez les soldats allemands, c'est une béatitude, un étalement de soi. Une seule idée dans chaque tête, mais une idée sans racines, une idée interchangeable et chaque jour révélée. Ils sont prêts chaque jour pour une nouvelle révélation.

Emmurés, nous sommes emmurés. Il est dans le village un emmuré véritable. Je pourrais aller faire prison commune avec

lui. C'est l'ancien curé de Chapelon, qui, après trente ans de
935 ministère, fut interdit. Celle qui fut la cause de son interdiction
vit avec lui. On peut la voir dans le village, mais il ne franchit
jamais la porte de son jardin clos de murs. Telle est la noblesse
naturelle d'Abel Delaveau que, dans l'histoire de ce prêtre,
contée par lui, on chercherait en vain un seul détail bas, un ali-
940 ment de scandale. Et pourtant Dieu sait si Abel aime peu la
religion.

Je deviens aboulique[1]. Chapelon est pour moi une sorte de
tour d'ivoire ou simplement de terrier. Mes frontières sont les
canons sous les arbres du verger, la roulante dans la cour, des
945 meules et des toits. Mais je ne peux plus regarder les files de
camions, qui passent sur la route. Je ferme les yeux. J'essaye de
ne pas entendre. Je voudrais rester là, attendre que l'histoire
veuille bien me permettre de vivre.

Un officier allemand, à la porte de la mairie-maison d'école,
950 poliment cède le pas à ma femme. Il hésite et soudain, en assez
bon français : « Vous avez peur de nous... Madame ? » –
« Peur ?... Non, Monsieur. Mais tant que vous porterez chez
nous ce costume (elle désigne du doigt son uniforme), vous
serez mon ennemi. » – « Mais notre *Führer* ne voulait pas la
955 guerre. C'est la France qui l'a déclarée. » – « J'ai lu *Mein
Kampf*[2]... » L'officier semble embarrassé et répond : « On

---

1. Atteint d'une absence morbide de volonté.
2. Livre dans lequel Hitler expose ses théories nazies.

change... on peut changer et la faute est aux Anglais, qui, au nom de Jésus, veulent dominer le monde ».

Un tel dialogue n'a de sens que par le ton et l'intention. Et le : « Vous avez peur de nous », le « Sommes-nous donc si terribles ? » fut la phrase cliché que des centaines d'Allemands prononcèrent au début de l'occupation. Celui-ci ne mit en cause que les Anglais. Mais le plus souvent la responsabilité totale de la guerre était attribuée aux Anglais et aux Juifs ou même aux seuls Juifs. Interprétations délirantes, abstractions personnifiées, créations de bouc émissaire. L'invention de Gutenberg n'est pas assimilée. Elle répand, au gré des pires intérêts, les abstractions les plus vides, les plus démunies de squelette et de chair. Les Juifs fauteurs du carnage ? Pourquoi pas les ratons laveurs et les ornithorynques[1] ?

« La constitution de 1875 est abolie. Flandin[2] est dictateur. » La salle de la ferme est éclairée par une lampe à pétrole. (Nous n'avons pas d'électricité, les fils ont été coupés.) Cette lumière fait beaucoup d'ombre sur les visages. C'est une lumière d'autrefois. Nous sommes assis en vis-à-vis, Abel et moi. Cette nouvelle est tombée entre nous, comme une mouche sur la table.

Nous nous accordons immédiatement sur ce point qu'il y a peut-être dictature, mais que le dictateur n'est pas celui-là, qu'il faut à un dictateur un peu de légende et beaucoup de popula-

1. Mammifères d'Australie avec un bec de canard et mesurant 40 cm de long.
2. Homme politique français qui fit partie du gouvernement de Vichy en 1940.

rité, assez de popularité du moins pour que la foule accompagne sur son passage les vivats[1] de la police.

Ceux qui louent le plus la sagesse paysanne sont les mêmes qui déplorent les passions de la politique. Ils laissent entendre qu'elles épargnent le paysan et qu'il extrait directement sa sagesse de la terre. Je n'ai guère vu de paysan qui ne soit un « animal politique[2] ». Sans doute l'homme de la terre a une politique du beurre, comme l'ouvrier a une politique du salaire, comme le bourgeois a ou avait une politique de la rente. Mais que cela est grossier. Il n'est pas vrai que les idées et les sentiments ne soient jamais qu'une transmutation, une sublimation des intérêts. Quoi qu'il en soit, j'ai toujours admiré, quand je causais avec des paysans, leur sens politique. Ils ne sont pas dupes des idéaux réversibles avec lesquels tantôt on exalte et tantôt on brime les ouvriers. Et ils résistent à ces vastes synthèses, avec lesquelles jonglent les bourgeois semi-cultivés.

En fait, Chapelon est divisé en deux clans : les blancs et les rouges. Les journaux de Montargis cueillaient en chaque commune les motifs de polémique[3]. Un gamin de Chapelon, jouant avec la carabine d'un tir forain, blessa une petite fille. Les parents étant les uns de « gauche », les autres de « droite », un journal de Montargis fit de cet accident une vengeance politique.

Un vieux du hameau, dont j'aime la patriarcale courtoisie,

---

1. Acclamations.
2. Il s'agit d'une citation de *La Politique* d'Aristote.
3. Conflit (du grec *polemos* : guerre).

un de ces vieux qu'on a comparé à une souche noueuse (c'est banal, mais juste), me conte qu'un grand bijoutier de Paris
1005 s'était réfugié à Chapelon. Ce commerçant, qui transportait dans sa voiture des lingots d'or, se réjouissait de ce que les corps des agents parisiens et des gardes mobiles fussent intacts. Ainsi on était sûr de mater Belleville et Billancourt. (J'avais entendu à peu près les mêmes mots dans la bouche d'Aufresne aux
1010 Douciers.)

Le vieux paysan l'invita à se taire et lui dit qu'on n'aimait pas ce langage à Chapelon.

Cela se passait dans le Gâtinais. Mais je sais des campagnes, où l'on tient les ouvriers pour des « profiteurs », où l'on redoute
1015 leur turbulence et où on n'a pas la générosité de leur pardonner d'avoir laissé, pendant la guerre de 1914, moins de morts que les habitants des campagnes.

On me dit que les B... sont les riches du pays. Ils ont de nombreuses fermes, qu'ils louent et n'élèvent à Chapelon que
1020 deux vaches et des poules. On constate sans excès de bien-veillance qu'ils sont en perpétuelle conversation avec un sous-officier allemand, qui porte un uniforme d'aviateur. C'est un personnage assez étrange, qui rôde un peu partout, et qui semble assister au rapport à la façon d'un invité. Je pense
1025 comme tout le monde qu'il fait fonction de mouchard. On accuse B... (mais je n'en ai jamais eu la preuve) de tenir à l'Allemand des propos sans dignité et d'opposer avec impudeur une France tout entière vouée à la rigolade à une Allemagne

ordonnée et travailleuse. Le bruit circule qu'il a invité l'aviateur
à dîner.

Je pense aux récits qu'on nous a faits de la guerre de 1870, à
la silencieuse et méprisante fierté à laquelle se heurtait l'ennemi. Véridiques ou non, ces récits ont la même signification.
Ils témoignent en tout cas de ce que l'on voulait paraître.

Lorsque j'étais un petit enfant, j'ai cent fois entendu conter
l'histoire de la poignée de main de ma tante Léonie, une histoire, comme il en est dans toutes les familles, arrondie et défi-
nitive, parfaite comme une œuvre d'art.

Pendant la guerre de 1870, un de mes oncles, officier du
génie, avait été fait prisonnier, à Sélestat. Après l'armistice, il fut
permis à ma tante d'aller voir son mari. Ici je n'ai plus que mes
souvenirs d'enfance. Ils se composent en tableau historique :
mon oncle est enfermé dans une forteresse, une casemate[1], un
cachot peut-être. Un officier allemand conduit ma tante jusqu'à lui, ils suivent de tristes couloirs, l'officier ouvre une porte,
salue noblement et s'éloigne.

Le fond est que, pendant quelques heures ou quelques jours,
cet officier adoucit la rigueur du règlement. Il fut si humain
que ma tante eut à se poser un problème qui, pour une autre
femme, n'eût été que de civilité puérile et honnête. Mais elle
était d'une austère morale, ne laissait rien au hasard et tous ses
sentiments, y compris son patriotisme, étaient d'une seule

---

1. Abri situé dans un fort.

pièce. Pour elle, ce ne fut pas un problème, ce fut un cas de conscience. Avant de regagner la France, répondrait-elle au
1055 salut de l'officier allemand par une inclination de tête ? Ou, pour témoigner de sa gratitude et n'être point en reste de noblesse, lui tendrait-elle la main ? Ma tante pensa que les lois de la guerre l'autorisaient à tendre la main. Elle tendit la main. Oh ! le corps tout droit et une indication, un schéma de poi-
1060 gnée de main. Mais après quelle intime délibération ! Et ce fut une des légendes de la famille. Et je crois bien que, trente ans après, ma tante avait encore un scrupule.

Je commençais seulement d'apercevoir, chez quelques Français (la Soutreux et la Lerouchon n'étaient que des
1065 monstres) l'évanouissement de toute pudeur nationale ou l'age-nouillement devant une figure supposée de l'ordre, de l'ordre dans l'absolu, de l'ordre qui ne tient compte d'aucune résis-tance humaine. Ou bien croient-ils – ce qui fut vrai et peut l'être encore – que la guerre n'est pas une affaire entre les
1070 hommes, mais un règlement de comptes politiques ? Mais com-ment croire que cette guerre n'est que le vieux jeu diplomatique ou même une bataille d'économie ? Il me semble voir une par-tie de la France s'unir à l'Allemagne et poignarder Pascal[1].

C'est dimanche. Les prisonniers français, qui sont placés
1075 chez des cultivateurs, rencontrent chez l'aubergiste le caporal colosse. Chacun y va de son litre et le caporal colosse trinque à tours de bras. Cela ne me scandalise pas du tout. C'est affaire

1. Mathématicien, physicien, écrivain et philosophe français du XVIIe siècle.

entre combattants. C'est conforme aux rites de la guerre, telle qu'elle se pratiquait avant 1914. C'est conforme même au manuel d'Infanterie (on l'a peut-être corrigé) qui dit ou à peu près que, hors du combat, les soldats des armées ennemies doivent se tenir pour camarades et se prêter assistance.

Abel Delaveau a demandé un prisonnier. Ce cultivateur des environs de Dijon, qui a fait la Somme, arrive morne et lourd de silence. Les hommes de la terre sont sobres d'effusions[1]. Le premier jour, il n'a dit qu'une parole : « Je sais charger un char ». C'était devant l'écurie et il répondait à une question, que lui posait Abel. Il prenait ses repas avec les Delaveau. En deux jours, il fut transfiguré. De bête de ménagerie, il redevint un jeune paysan. Mais il n'aimait pas parler de la guerre, de la déroute et de sa captivité. J'ai vu ainsi beaucoup de soldats, écartant la guerre comme ces gens qui n'aiment pas parler de leurs maladies.

Bien différent était un autre prisonnier, placé dans une ferme voisine, un Vauclusien. Il inspirerait la terreur, si l'on en croyait son air de férocité. Ce n'est qu'un air, une mimique méridionale. Il conte clair, par tableaux découpés, avec art, avec éclat. Conte-t-il vrai, transpose-t-il, exagère-t-il ? Je n'en sais rien :

« On a été trahis..., vendus...

« Nous sommes restés sept du régiment..., je ne dis pas de la compagnie, je dis du régiment.

« Mon commandant s'est évadé deux fois. Deux fois il a été repris.

---

1. Démonstrations d'affection.

« Le colonel s'est fait sauter la cervelle. Il a dit : "Les Allemands n'auront pas un mot de moi..." »

1105  « Mais le capitaine, dans le civil un gros marchand de charbons, a ouvert son sac devant moi, il en a retiré un vêtement civil, il l'a mis... Je lui ai dit : "Mon capitaine, il n'y a que les montagnes qui ne se rencontrent pas... On se retrouvera". Il m'a dit : "Tu seras tué avant..." Il a rejoint son fils, ils ont foutu le

1110  camp ensemble... »

Les camions allemands filent sur la route, à soixante-dix à l'heure. Dans un champ, une vieille femme, la tête enveloppée d'un mouchoir, d'un « fanchon[1] » et un vieux, cassé aux reins, arrachent des pommes de terre. Je tourne le dos aux camions.

1115  Le village et toute la terre sont couverts d'Allemands. Chez Madame R... on tricote : « Seize de diminution ». Ces mots magiques et le mouvement du crochet m'obsèdent.

« Ils ont dit... » Le « Ils » mystérieux, le « Ils » des guerres et des révolutions, le « Ils » qui signifie les puissances et les grands

1120  de la terre, ce « Ils » ne désigne plus que les Allemands.

Ils ont dit que des bateaux français ont été coulés par les Anglais. Ils ont dit qu'il y avait en France une armée rouge organisée par Reynaud. Je tente avec Abel Delaveau de donner un sens au mensonge et à l'absurde, d'y déceler un désir fran-

1125  çais ou une intention allemande. Les nouvelles, les bruits allégorisent[2] de vagues passions politiques, tripatouillent le pos-

---

1. Fichu avec lequel les femmes se couvrent la tête.
2. Expriment de façon imagée.

sible et l'impossible, fabriquent un monstre avec de lointaines analogies[1] (Reynaud levant une armée rouge).

Mais, quand je cause avec Abel, je me sens plein d'espoir. Je ne suis pas accoutumé à d'aussi gros événements. J'ai besoin d'esprit de finesse. Il en a, et cette vivacité est un don. Étrange illusion. Quand je cause avec Abel, il me semble que toute la stupidité de la guerre est annulée. C'est comme si je venais de remporter une victoire.

Madame Rose nous apporte une nouvelle. Celle-ci est éprouvée, contrôlée. Une dactylo de Ladon, une femme qui a de l'instruction, pas une de ces femmes qui répètent n'importe quoi, « l'a entendue en T.S.F. » :

« Si l'Allemagne n'a pas retiré ses troupes le 14, l'Amérique tape dedans... »

C'est aujourd'hui le 10 juillet. Moi aussi, après tout, je m'abandonne en songe à de puériles corrections de l'histoire.

Madame Delaveau surprend dans l'étable un soldat, qui vole un œuf. Il le cache maladroitement dans sa poche... Elle le traite de voleur et le menace de la *Kommandantur*. Les mots tournent les uns sur les autres, comme des billes. La paysanne s'exprime d'un seul jet et ne ponctue pas. L'Allemand, en colère, répond par cris et gestes. Elle parle français, il parle allemand. Ils ne se comprennent que par les intonations et les gestes. L'Allemand cède et restitue l'œuf.

Je sais que je n'ai pas conté un grand événement. Mais il n'y

---

1. Ressemblances.

a pas de petit événement. Un homme et son peuple sont tout entiers dans l'acte le plus pauvre. De savants psychologues ont dit cela dans un autre langage. Je suis étonné que le soldat ait
1155 cédé et non pas immédiatement, comme un voleur honteux, mais après avoir menacé et crié. J'y vois l'effet d'une décision d'en haut, d'un ordre du commandement. L'Allemagne de Hitler, pour l'instant, ne veut pas dominer par la seule terreur. Le jeu est bien conduit entre la fusillade de Ladon, l'interdic-
1160 tion des menus larcins et leur « Sommes-nous donc si terribles ? ». Et la modération que les affiches blanches recommandent aux soldats, à condition que « les populations se tiennent tranquilles », leur est d'autant plus facile qu'ils mangent à leur faim, qu'ils disposent de tous les aliments que depuis la
1165 débâcle ils ont réquisitionnés ou pillés.

Derrière ce soldat, il y a toute la force du *Reich* et les yeux des soldats allemands, ainsi que me disait un paysan, sont « pleins de victoire ». Je suis obsédé par cette idée qu'entre ce soldat et moi-même, il n'y a point relation d'homme à homme ni
1170 aucune de ces relations qu'établissent les lois et les mœurs d'un pays commun. Il n'y a que la loi de la guerre, qui n'est qu'utilité ou caprice. Entre lui et moi, il est sous-entendu qu'il a sur moi droit de vie et de mort.

La plaque de son ceinturon luit. J'y lis distinctement : « *Gott*
1175 *mit uns*[1] ». L'idée de Dieu me semblait difficile. Voilà bien les dangers de la vulgarisation.

arrogance

---

1. « Dieu avec nous ».

J'ai été le patron de la ferme. Abel étant au fourrage, sa femme me demande de rester avec elle et ses deux filles. Assis sur le banc, je garde la porte de la maison. Je protège les enfants et les femmes et je règne sur vingt hectares de fourrage, de betteraves et de blé. Mais je ne suis rien que la présence d'un homme. D'un homme puéril, qui s'efforce de donner à ses traits de l'énergie et de la fermeté à son regard.

Le lendemain, la petite Jacqueline vient me chercher. Près du mur de la cour, au-dehors, Madame Delaveau discute avec un groupe de soldats. Ils entourent une de ces machines agricoles, qui ressemblent à des engins de supplice, une machine à arracher les mauvaises herbes. Elle craint qu'ils ne veuillent l'emmener. « Demandez-leur ce qu'il font... » Je parviens à faire comprendre mon « *Warum*[1] » et mon « *Was wollen Sie*[2] ». Mais je n'entends rien à leurs réponses. Ils parlent tous à la fois et ils crient pour être mieux compris. Cependant la langue allemande est parfois intelligible. Le mot : « *reparieren*[3] » a tout sauvé. L'un des soldats, en effet, muni d'une pince et d'une clef à molette, redresse une tige de l'extirpatrice. Et je finis par saisir qu'elle avait été heurtée par un de leurs camions. Mais auparavant, j'avais été très lâche. Le caporal colosse passait. Il s'est approché. J'ai répondu avec cordialité à son « *Guten Tag*[4] ». Les autres ont compris que nous nous connaissions. Je me suis lâchement concilié les puissances.

1. « Pourquoi ».
2. « Que voulez-vous ».
3. « Réparer ».
4. « Bonjour ».

J'ai presque l'air de plaisanter et je conte de l'infinitésimal[1]. Je le sais. Mais de ces menus incidents on ne savait jamais quel serait le terme. Et qu'on veuille bien songer qu'à chacun de ces contacts avec l'Allemand vainqueur quelque chose, si peu que ce soit, de notre dignité est en cause. Je plains ceux qui ne l'ont pas senti. Et s'il est quelque théoricien, en qui la présence de l'Allemand ne réveilla point un sens national, je lui réponds que je n'aime pas le prisonnier qui flatte son geôlier.

Et les Allemands sont partout. Leur vie est superposée à celle du village, en surcharge. On ne peut pas plus les éviter qu'on évite un trajet de fourmis dans une allée de jardin. Leurs conversations privées qui ressemblent à des aboiements, leurs rauques commandements, le bruit de bottes que fait un soldat isolé, ou un détachement au pas cadencé, leurs chants en chœur, qui ne sont que des pas cadencés de gorge couvrent la campagne et couvrent le village. Leurs camions défilent toujours vers Paris, vers le nord chacun portant à l'avant, par-dessus la bâche, figure de proue[2], trophée ironique, un de nos masques à gaz.

On dit que deux petites filles ont été violées par des soldats dans les bois. Il n'en sera plus jamais question. C'est plus que douteux.

Par un ciel, où passent des nuages, tantôt gris et tantôt bleu de ciel à l'excès, je me promène avec Abel Delaveau, sur le petit chemin de la ferme, perpendiculaire à la route. Il n'est pas vrai-

---

1. Extrêmement petit.
2. Figure installée à l'avant d'un navire.

semblable qu'un camion quitte la route et s'engage dans ce chemin. L'un des camions pourtant vire court, sans ralentir et s'engage dans ce chemin à charrettes. Nous ne l'avons pas entendu. Et le conducteur n'avait pas averti. Cependant il a klaxonné et freiné à cinq mètres de nous. Nous avons tout juste le temps de nous garer. Le conducteur est indigné. Pour lui, il n'y a ni petits chemins, ni chemins creux, ni chemins réservés aux charrettes et au rêve. Il n'y a que des règles universelles de circulation.

Le soir, quelques soldats font cercle autour du neveu de Madame Rose. Si ce bambin voulait définir le germanisme, il dirait sans doute que les Allemands ont pillé les confiseries pour lui apporter des bonbons. Ces soldats me désignent avec respect l'un d'eux, qui est pasteur et parle français. Si ce pasteur eût été seul, je ne sais ce qu'il m'aurait dit. Mais notre brève conversation fut médiocre. Nous nous accordâmes sur ce point que Dresde est une belle ville. (D'ailleurs je n'ai guère entendu les Allemands parler d'une ville – fût-elle étrangère – sans ajouter qu'elle est belle.) Et il me demanda si les Français lisaient Gœthe.

Nous regagnons notre chambre. La nuit même n'est pas vide d'Allemands. La sentinelle et ses bottes passent devant la fenêtre. Mais j'aime le bruit de lointain bombardement que font les chevaux de la ferme, en cognant contre leurs bas-flancs. Ce matin, le faux aviateur, le mouchard, m'a abordé dans le corridor, qui donne accès aux chambres de la ferme... Il aborde tout le monde de la même façon : « Excusez-moi... Je voudrais me perfectionner dans la langue française... »

C'est un grand gaillard, du type joli garçon, aux traits régu-
liers, mais mous, une figure sucrée. Comme on m'a dit qu'il
1255 parlait très couramment le français, j'ai le sentiment que sa difficulté à trouver les mots et sa prononciation embarrassée ne
sont qu'une feinte. Sans doute veut-il écarter de moi la pensée
qu'il a longtemps exercé en France le métier d'espion. En
quelques secondes j'ai la certitude qu'il n'est pas aviateur, mais
1260 mouchard ou mouche du coche. Avant tout, c'est un imbécile.
Sa qualité d'imbécile domine sa qualité d'Allemand. Il me pose
des questions sur la grammaire ou la propriété des mots. Et
pour me récompenser sans doute, il me conte son séjour à
Paris, après l'entrée des troupes allemandes. « Paris est une belle
1265 ville. » Les trois étapes essentielles de sa visite de Paris sont le
restaurant *Fouquet's*, l'Arc de triomphe et le tombeau de
Napoléon.

S'il est espion, il n'est pas de la race des espions furtifs, qui
glissent au long des murailles. Il est collant, affreusement col-
1270 lant. Il englue.

Abel Delaveau nous a conduits à Montargis, dans sa Citroën.
Mais quelle fut sa sagesse d'emmener aussi le soldat allemand,
qui garde les prisonniers de Chapelon. Les hommes très purs
montrent souvent, dans les pires événements, une habileté
1275 imprévue, au lieu que les malins se perdent dans le détail.
L'Allemand entre à la *Kommandantur* comme chez lui. Il
obtient un bon d'essence de dix litres. Nous allons au bateau-
citerne. Il n'est point d'armée – fût-elle allemande – qui sous

l'architecture de sa discipline ne cache des fissures où le
débrouillage s'insinue. L'Allemand agit-il par bonté ou par
vanité, je n'en sais rien. On nous donne d'essence tout ce que
nous en pouvons emporter. Nous achetons un arrosoir, qu'on
bouchera comme on pourra, avec des bouts de chiffon. Ai-je
besoin de dire qu'Abel partagera ce trésor avec moi ? Mais il me
manque encore trente litres pour espérer atteindre le Jura ou la
Saône-et-Loire.

Les femmes font queue aux portes des boutiques. Mais il n'y
a point de queue pour les soldats allemands. Ils passent devant.
Une commerçante, comme on lui demande je ne sais quelle
denrée, répond avec colère : « Les Parisiens ont tout pillé ». Les
Parisiens, c'est la horde des réfugiés. La sentinelle, qui monte la
garde devant la *Kommandantur*, écarte les passants avec brutalité. Déjà, j'en tire de vastes conséquences ethniques et soudain
je revois le sergent français, qui, sur la route, à quelques kilomètres de Lorris, dans un délire de frousse et d'autorité, hurlait,
se jetait à la bride des chevaux des charrettes et passait sa rage
sur les engrenages des boîtes de vitesses. La terrasse d'un café est
occupée uniquement par des officiers allemands, raides sur
leurs chaises, comme des idoles plaquées au trottoir.

Nous trouvons un numéro du *Matin*. Nous y lisons que
« l'Angleterre a commis froidement le plus grand crime de tous
les siècles, qu'elle a fait preuve de sa cruauté bestiale et, en
quelques heures, a battu tous les records du banditisme collectif et de la bassesse morale ». Nous y lisons aussi que le général

1305 de Gaulle « a été destitué à cause de son attitude ». Un journal local, *Le Gâtinais,* reproduit les clauses de l'armistice.

**BIEN LIRE**

**Chapitre 4**
• **Quel est le passage qui fait référence au titre du chapitre ?**
• **Remarquez que l'auteur insiste beaucoup sur la nudité des Allemands.**
• **L'auteur n'affirme rien s'il n'est pas sûr, et ce même s'il parle d'un chat (l. 322-323).**
• **Si les historiens et les romanciers ont oublié ces « types disparus » (p. 152, l. 830), Léon Werth, lui, s'en souvient et en parle beaucoup dans ce récit.**
• **« Mais j'aime le bruit de lointain bombardement que font les chevaux de la ferme [...] ». Notez que dans cette métaphore (p. 169, l. 1247-1248), pour une fois, l'auteur inverse l'ordre poésie/réalité. D'habitude, il préfère s'échapper de la guerre par une métaphore (p. 47, l. 407-411), là, c'est la métaphore qui le ramène à la guerre.**

## 5
## LE CAPORAL COLOSSE.
## LE RETOUR EN ZONE LIBRE

Le caporal colosse, à la nuit tombante, m'apporte un véritable colis de paquets de cigarettes. Par signes et paroles, il m'invite à le porter immédiatement à l'intérieur de la maison. C'est donc plus qu'un don accepté, c'est une complicité. Le plus
5 étrange est que le caporal colosse s'est aperçu de ma froideur. Je ne sais comment il l'interprète. Mais il s'y soumet. Il ne s'attarde plus auprès de nous.

Il est revenu le lendemain, à la veillée, accompagné d'un camarade, coiffeur à Dresde, qui fait avec lui un étonnant
10 contraste. Il est de petite taille, il est brun, il a les yeux vifs. J'ai pensé plus tard que le caporal colosse l'avait amené, pour qu'il exprimât par les moyens de la parole et de l'intelligence les sentiments muets que lui-même possédait en son cœur, comme une sorte d'ambassadeur du royaume de l'esprit. Mais ce jeune
15 soldat, pas plus que le colosse, ne parle un mot de français. Et je ne sais pas cent mots d'allemand. Il parle abondamment. J'ai compris qu'il espérait rentrer bientôt chez lui, que la paix serait bientôt signée et qu'on ne verrait plus jamais de ces guerres sans but : « *Ohne Zweck*[1] ». Mais je ne sais s'il entend par là que
20 toute guerre est sans but ou que la pacification germanique rendra désormais toute guerre inutile. D'autant qu'il nous quitte

---

1. « Sans but ».

pour aller entendre à la Radio les dernières nouvelles. Il appelle
cela des nouvelles. Je voudrais bien lui faire entendre qu'il n'est
pas difficile. Je me contente de lui demander si ces nouvelles lui
25 paraissent intéressantes et véridiques. Il me répond innocem-
ment que oui.

La *Radio de Paris* nous apprend du moins un fait vrai : le
maréchal Pétain est le chef de l'État. Elle nous révèle aussi que
la France est un pays courageux, mais étonnamment crédule,
30 que son salut est dans le retour à la terre, qu'il faut changer les
esprits et non pas seulement la Constitution, que l'embou-
teillement des routes et la confusion des réfugiés et l'armée en
fuite furent l'œuvre de l'Angleterre. Ainsi l'Allemagne ne possède pas seulement le sol de France, mais aussi son espace hert-
35 zien[1]. Cette propagande massive est sans finesse. Mais
l'Allemagne, hélas, n'a pas inventé ce jeu stylistique sur des pré-
mices[2] en baudruche[3].

Je sens bien que ma femme tolère de moins en moins l'inquiétude qu'elle a de notre fils. Et moi-même, j'ai plus de peine
40 chaque jour à lui dissimuler la mienne. C'est alors qu'intervient
le miracle, le doigt de Dieu ou l'homme qui corrige le cours des
choses ou la stagnation du monde. J'étais avec Abel Delaveau
dans son garage. Nous évaluions ensemble la longueur de mon
itinéraire et la quantité d'essence nécessaire. C'est alors qu'ap-

1. Des ondes de radio.
2. Premiers effets.
3. Sans consistance.

45 parut dans l'ouverture de la porte le visage du caporal colosse. Ce visage dans la pénombre était plus informe encore. Mais les yeux, comme un long trait bleu entre les bourrelets des paupières, mendiaient, suppliaient, comme seuls supplient les yeux d'un chien fidèle. Il touchait presque de la tête les poutres du 50 toit. On eut dit un de ces géants qui soulevaient le globe.

Abel a bien plus que moi le sens du moment et des êtres. Et je ne suis point encore arrivé à comprendre comment, sans savoir un seul mot de leur langue, il se faisait presque toujours comprendre des Allemands. Ne dites pas : par gestes. Les autres 55 aussi savent gesticuler. Par le regard, je pense et par je ne sais quel magnétisme. Le caporal a parfaitement saisi que, faute de trente litres d'essence, je ne puis raisonnablement tenter de rejoindre mon fils et ma maison.

Abel sait que des *Kommandantur* ont cédé à des réfugiés cinq 60 ou dix litres de carburant et qu'à Chapelon les camions d'artillerie et la roulante en ont d'abondantes réserves. Il demande au caporal si, en s'adressant au lieutenant, on n'en pourrait obtenir. Mais le caporal répond : « *Offizier... schlimm*[1]... » Et il se redresse de toute son immense taille et il élève le doigt en l'air, à la hau- 65 teur de son nez et il répète plusieurs fois, avec un air de jubilation et de fierté, avec une sorte d'ivresse, que connaissent seuls les hommes qui ont l'instinct du terre-neuve : « *Ich... Ich... Ich...* »

Il nous apportera, dit-il, trente litres d'essence, ce soir même, dans le bûcher, derrière la ferme. Mais il demande qu'on

---

1. « Officier... terrible... ».

70 attende que la nuit soit complète. Le mot allemand : « *Finsternis* » me semble d'une inégalable poésie. « *Finsternis* » traduit en son le zigzag de l'éclair dans la nuit. « *Finsternis* » contient la faveur souvent invoquée des ténèbres. « *Finsternis* », ce sont de belles ténèbres, traversées d'une pâle lueur, qui guide
75 le caporal du fond du verger jusqu'au bûcher de la ferme.

Un doigt sur la bouche, le caporal nous demande aussi de ne rien révéler aux femmes. Me voilà parjure : j'ai promis, j'ai juré.

Vers dix heures, j'attends en compagnie d'Abel, dans le bûcher. Le caporal apparaît, portant un bidon de vingt litres,
80 un bidon de camion d'artillerie. Il le pose à terre, ne nous laisse pas le temps de dire un mot, nous fait signe de cacher la lumière, demande un sac pour dissimuler les trois bidons de cinq litres, qu'il va nous apporter encore.

Nous sommes assis tous trois devant la table d'Abel
85 Delaveau, qui est allé chercher dans sa cave une bouteille de Savigny. C'est une assez étrange conversation que celle où nous tentons, Abel et moi, d'expliquer au caporal colosse la différence entre les vins de la Bourgogne et les vins du bistro.

C'est alors que j'ai cherché dans le tréfonds[1] de mon voca-
90 bulaire allemand. « Je ne prétends pas, lui dis-je, rétribuer la bonne intention de votre cœur ni même votre complaisance. Cela ne se paye pas. Mais je voudrais du moins vous rembourser le prix de l'essence. »

Il était bien facile au caporal colosse de me laisser croire qu'il

---

1. Au plus profond.

l'avait achetée ou que du moins il avait «glissé la pièce» au conducteur d'un camion. Mais il éclata de rire, du même rire qu'un soldat français, si on lui demandait combien il a payé la patience ou la brosse à reluire qu'il a chipée dans une chambrée pour une revue d'installage. Et ses yeux brillaient de contentement. Ainsi le caporal colosse, rempilé pour douze ans, huit ans de service, avait couru son risque, le plus désintéressé des risques, pour voler à Hitler trente-cinq litres d'essence et me les apporter.

Je lui ai demandé son adresse en Allemagne. J'ai formé le projet de lui envoyer, après la guerre, un fût de Beaujolais. Le pourrai-je jamais?

Mais déjà, comme on a dans l'insomnie des impatiences au bout des jambes, je sens s'éveiller dans mon corps un même système nerveux entre la voiture et moi, déjà j'espère la route, la fuite des arbres.

Le lendemain matin, nous quittons Chapelon. Abel, comme moi, a vu la débâcle. Mais nous n'en précisons guère les effets à distance. Nous sommes aveuglés par le mot d'armistice, qui sonne provisoire. Je pars avec l'illusion que je le reverrai bientôt.

Nous roulons sans incident. Toucy, Clamecy, Château-Chinon, Autun. Nous traversons un paysage d'autos, de side-cars et de motos couchées. Les prés, en bord de route, sont clos d'autos couchées. Mais je ne vois plus que Tournus et Saint-Amour au bout de la route, un Tournus et un Saint-Amour hors de l'espace et du temps de la guerre, un Tournus et un

Saint-Amour hors de l'espace et du temps, un Tournus et un
Saint-Amour qui ne sont qu'à nous et qu'en nous.

125 D'avoir été des nomades errants et des nomades stationnant
nous a, comme on dit dans la langue des laboratoires, sensibi-
lisés aux paysages familiers. Le mousse qui, dans les récits mari-
times, au haut d'un mât, crie : « Terre », je comprends la joie de
son cri. Les lignes nettes des campagnes de l'Yonne, les hauts
rideaux d'arbres, le ferme dessin de la terre, la rivière sans
130 paraphes[1] ni fioritures[2], nous les retrouvons comme si on nous
les avait volés.

Au-delà de Toucy, je ne sais plus où, nous nous arrêtons pour
manger quelques œufs durs. On s'est battu là ou des troupes y
ont été pourchassées par des avions. Des chemises, des bou-
135 teilles vides, des souliers, un pantalon ensanglanté. Des lettres,
de pauvres lettres sont éparpillées dans le fossé. Aussi loin que
les yeux suivent le fossé, aussi loin s'étend cet amas d'épaves.

Les routes sont bordées de bois, sinueuses, tout en montées
et descentes. Château-Chinon apparaît comme une forteresse
140 dans les arbres, accrochée au ciel. Nous traversons des villages
aux maisons bombardées. Nous croisons des convois allemands
et des motocyclettes. Aux approches de Chalon, je ne saurais
dire si le paysage est beau. Trop de souvenirs nous y accrochent.
Il est plat, souple, d'une matière un peu molle. L'œil y enfonce.
145 Nous sommes entrés dans une épicerie. La jeune épicière a

---

1. Marques distinctives.
2. Ornements inutiles.

cet aspect de tendre nonchalance qu'ont beaucoup de femmes en ce pays. Sa prononciation des « r » est parfaitement roulée, rôdée, sans frottement, baignée dans l'huile. La Saône a cet accent, quand elle ne joue pas, vers Fleurville, au fleuve indo-
50 chinois.

Je ne suis resté que quelques minutes à Chalon. Mais j'y ai vu un Sélénite. Sa face ronde était d'un homme sérieux, d'un homme moyen. Il était accoudé à sa fenêtre, il regardait la rue avec bienveillance. À je ne sais quel renseignement que je lui
55 demandais, il me répondit comme s'il n'y avait point eu de guerre, comme si les Allemands n'étaient pas à Chalon, comme si nous étions encore en juillet 1939. « Mais enfin, lui dis-je, il me semble que Chalon est occupé... » Il me répondit sur un ton lointain, les yeux bien ouverts : « Oui... Personnellement, j'ai vu
60 quelques soldats allemands... Mais on ne manque de rien... » Qu'on n'aille pas chercher ici un signe de l'âme chalonnaise. Mais j'aurais bien voulu savoir si cet homme était vraiment tombé de la lune ou s'il était fou.

Nous traversons Chalon ; nous arrivons à la frontière entre
65 zone occupée et zone libre... Un officier ou un sous-officier, à tête de juriste pédant, examine nos papiers. Nous pouvons pas-ser, mais il nous avertit que nous ne pourrons plus rentrer dans la zone occupée. Dans le sens contraire au nôtre, en effet, une longue file de voitures est immobilisée. Nous les plaignons, ces
70 sans-logis, mais vite, nous ne sommes plus qu'à soixante kilo-mètres de chez nous.

Nous roulons maintenant en zone libre. Nous n'imaginions pas que nous puissions être dupes d'un mot. Libres, nous sommes libres. Libres en France. Ces mots nous saoulent. La
175 terre n'est plus couverte d'Allemands, la terre n'est plus couverte par la défaite. Nous pouvons aller où il nous plaît, en avant et en arrière, à droite comme à gauche. Nous vivions à demi asphyxiés. Nous pénétrons dans un monde aéré. Les mœurs sont douces et plus subtiles que la règle. L'air qui entre
180 dans nos poitrines est léger. C'est l'air de la liberté, nous le croyons du moins. Il nous saoule. Nous n'y étions plus accoutumés. Pauvre Abel Delaveau dans votre ferme où les sous-off empruntent votre table !

Ce qui arrivera demain, qu'importe pour l'instant. Nous ne
185 mesurons pas les dimensions de la France sous la botte, et celles de l'autre. L'armistice, ce n'est qu'attente, une parenthèse du temps, qui permet de se recomposer une âme. Nous ne pensons pas selon l'histoire, mais selon cette route, dont je connais tous les détours. Comme dans une vieille maison on reconnaît son
190 enfance, j'y retrouve tout ce qui, dans ma vie, fut espoir ou amour.

La route est étroite, bordée de haies. Ce n'est pas une route nationale, c'est une route quand même. Une vieille femme, assise sur un pliant, y garde ses trois chèvres. Elle a installé son
195 pliant moitié sur le terre-plein d'herbe, moitié sur le bord de la route. Et ses chèvres vagabondent d'une haie à l'autre. Si je tentais de passer, j'écraserais une chèvre ou la vieille. Avant la guerre, avant l'occupation allemande, je me serais laissé aller

sans doute à quelque accès de fureur. Du moins j'aurais maudit
200 cette vieille femme, qui osait interrompre la ligne idéale de mon
trajet, qui osait briser mon horaire. Chère vieille, je sais maintenant que les routes de France sont faites aussi pour les vieilles
femmes et pour les chèvres. Chère vieille, dont le pliant débor-
dait sur la route, j'ai failli descendre pour t'embrasser.

205 Une heure plus tard, nous arrivions. Nous avions quitté
Paris, le 11 juin. C'était le 13 juillet. Je retrouvais mon fils, la
paix des champs, la terre et le ciel familiers. Et les journaux
aussi et l'erreur humaine et ce qu'il faut bien appeler l'histoire.
Mais l'histoire et les journaux, c'est une autre histoire.

**BIEN LIRE**

**Chapitre 5**
• Pourquoi le caporal colosse donne-t-il son nom au dernier
chapitre ?
• Notez la répétition oratoire de « Saint-Amour » (l. 116-123). Quel
sentiment exprime-t-elle ?
• « Nous avions quitté Paris, le 11 juin. C'était le 13 juillet. » Ces
deux phrases (l. 205-206) expliquent le titre choisi par l'auteur.
• Goûtez le jeu de mots final qui utilise le terme « histoire » dans
deux sens différents.

# Après-texte

## Lire

**1** Page 11 : définissez la situation initiale (où ? quand ? qui ? quoi ?) et le genre du récit.

**2** Relevez une métaphore dans le premier paragraphe. Quelle atmosphère permet-elle de créer ?

**3** Relevez les marques de l'insouciance du narrateur malgré les événements qui s'annoncent.

**4** Repérez une anticipation et dites par quels moyens elle est exprimée (l. 85 à 96). Quel effet permet-elle de produire ? Relevez une autre anticipation qui joue le même rôle que celle-ci (l. 160 à 178). Quels sont les temps utilisés ?

**5** Relevez tous les pronoms personnels indéfinis « on » et dites pour chacun d'eux quelle personne ils permettent de remplacer (l. 122 à 159).

**6** Repérez une métaphore (l. 179 à 187). À quel champ lexical appartient-elle ?

**7** Énumérez ce même champ lexical (l. 211 à 234).

**8** Retrouvez les premières marques de la mauvaise ambiance qui va s'installer (l. 224 à 234). Pourquoi l'ambiance change-t-elle ?

**9** Quel choix narratif l'auteur justifie-t-il ici (l. 286 à 293) ?

**10** Relevez ce qui permet d'opposer l'attitude d'Abel Delaveau à celle des autres paysans (l. 298 à 309). À qui Abel est-il comparé ?

**11** Dans l'avant-dernier paragraphe de la page 23, relevez une phrase qui montre que le narrateur est capable d'humour envers lui-même.

**12** Expliquez cette partie de phrase : « nous n'étions pas l'un et l'autre sans un commun langage » (l. 336-337). De quelle figure de style s'agit-il (*cf.* « À savoir », p. 198) ?

## Écrire

**13** Récrivez au système du passé les trois premiers paragraphes de la page 11.

**14** Imaginez la lettre que cet ami (l. 22 à 27) aurait pu envoyer à Léon Werth pour tenter de le convaincre de quitter Paris. Vous n'oublierez pas d'utiliser des arguments et de respecter la présentation de la lettre (*cf.* « À savoir »).

**15** Inventez des expressions sur le modèle de « parlent soldat » (l. 272).

**16** Rédigez la lettre que Léon Werth aurait pu envoyer à l'ami qui lui a conseillé de quitter Paris pour lui raconter son périple.

POUR COMPRENDRE

## Chercher

**17** Comparez l'incipit (début de récit) avec celui de *Jacques le Fataliste* de Diderot. Que remarquez-vous ?

**18** Relisez les chapitres XXIV à XXVI sur la quête du puits dans *Le Petit Prince* de Saint-Exupéry. Quel lien pouvez-vous faire avec le texte de Léon Werth (l. 219 à 223) ?

**19** Faites des recherches sur la bataille de la Somme afin de comprendre pourquoi l'auteur la mentionne, ligne 268.

**20** Relisez un épisode d'hospitalité dans les ouvrages antiques, comme *L'Odyssée* d'Homère (l. 321 à 327).

**21** Quel est l'âge de l'auteur en 1940 ?

**22** Relevez tous les lieux traversés ainsi que les dates confiées par l'auteur afin de suivre l'itinéraire de cet exode. Vous poursuivrez ce relevé tout au long de votre lecture.

À SAVOIR

### LE RÔLE D'UN INCIPIT

L'incipit, ou début de récit, joue un rôle très important dans la composition du roman. En général, il répond aux questions inconscientes que tout lecteur se pose au moment où il ouvre un livre, c'est-à-dire : où se passe l'action ? quand ? quels sont les personnages ? que va-t-il se passer ?

La fonction de l'incipit est également d'éclairer immédiatement le lecteur sur les choix d'écriture de l'auteur : le genre du texte (s'agit-il d'une fiction ? d'une autobiographie ? d'un journal ? etc.), le type de narration (antérieure, postérieure ou simultanée par rapport aux événements du récit) et le statut du narrateur (intérieur ou extérieur au récit).

### LA MISE EN PAGES DE LA LETTRE

En haut de la page, on indique donc le lieu et la date de l'écriture de la lettre. Quelques lignes plus bas, à gauche, on écrit la formule d'adresse (« Monsieur, ») qui désigne le destinataire. Après avoir séparé le cœur de la lettre en paragraphes, on termine par une formule de politesse s'il s'agit d'une lettre officielle (« Veuillez agréer, Monsieur, l'expression de me senti- ments respectueux. ») ou par une formule amicale s'il s'agit d'une lettre plus intime. Enfin, on appose une signature en bas à droite afin que l'émetteur soit clairement identifiable.

POUR COMPRENDRE

## Lire

**1** Relevez le champ lexical de la guerre (l. 14 à 20).

**2** L. 37 à 39 : expliquez cette phrase.

**3** Relevez les marques d'humour du narrateur (l. 47 à 77). Classez-les en fonction des procédés comiques utilisés (*cf.* « À savoir »).

**4** Retrouvez les comparaisons qui désignent les fantassins en déroute.

**5** Repérez la métaphore filée que l'auteur utilise page 34, lignes 120 à 126. Quel champ lexical utilise-t-elle ? Trouvez, ligne 145, une comparaison qui utilise ce même champ.

**6** Que pensez-vous de la réaction de l'auteur face aux bombardements ?

**7** Montrez que l'auteur met en parallèle deux attitudes opposées (l. 255 à 263). Que cherche-t-il à montrer ?

## Écrire

**8** Pourquoi peut-on dire que le gamin « est entré dans la guerre » (l. 14 à 20) ?

**9** L. 65 à 77 : récrivez ce passage au discours direct. Cela produit-il un effet différent ?

## Chercher

**10** Faites des recherches supplémentaires sur la guerre des Boers (l. 183).

À SAVOIR

**EXEMPLE DE PARAGRAPHE ARGUMENTATIF**

[idée force] L'un des aspects positifs de la télévision, c'est qu'elle permet d'instruire. [argument] Elle nous documente ainsi sur différents sujets que nous ne connaissons pas toujours bien [exemples] comme la vie des animaux, les pays lointains... [analyse des exemples] C'est là une documentation attrayante que nous accueillons volontiers alors que nous ne prendrions peut-être pas le temps de rechercher les mêmes informations dans un livre.

**LES PROCÉDÉS COMIQUES**

On distingue différents types de comique et notamment :
– le *comique de mots*, qui joue sur les sens possibles d'un terme (*cf.* p. 85, l. 625 à 627) ;
– le *comique de caractère*, qui ridiculise un personnage en insistant sur l'un de ses défauts (la manie des chiffres de la Soutreux par exemple).
– le *comique de gestes*, qui consiste à faire rire des agissements d'un personnage (ex. : pp. 124-125, l'auteur ridiculise la manie du nudisme des Allemands).

POUR COMPRENDRE

## Lire

**1** Relevez les marques d'une colère croissante (l. 330 à 335).

**2** Montrez que le narrateur poétise la réalité (l. 396 à 414).

**3** Retrouvez (p. 47) un paragraphe qui justifie la préface de l'auteur.

**4** Dans les pages 50-51, qu'est-ce que les interventions de l'auteur vous permettent de déduire sur le type de la narration (*cf.* « À savoir »).

**5** En quoi le cri des femmes « Lâches... lâches... rendez-vous... » est-il une « extraordinaire ellipse », comme le dit l'auteur (l. 581 à 584) ?

**6** Montrez, en citant le texte (l. 629 à 641), que l'auteur refuse d'admettre la réalité de la déroute de l'armée française.

**7** Trouvez le passage où l'auteur propose un nouveau tableau (l. 713-723).

## Écrire

**8** À la manière de Léon Werth, sous forme de tableau, rédigez une description de votre choix.

**9** Imaginez que l'auteur retrouve Saint-Exupéry et qu'il lui raconte l'anecdote de l'exemplaire de *Terre des Hommes* (pp. 56-57). Écrivez le dialogue qui s'ensuit.

## Chercher

**10** Faites des recherches sur la cinquième colonne et confrontez vos notes avec la définition qu'en donne l'auteur aux lignes 336-344.

**11** Calculez l'âge de l'auteur lorsqu'il s'est engagé dans la guerre de 1914.

**12** Justifiez l'adjectif « aérienne » (l. 688) qui qualifie l'écriture de Saint-Exupéry.

---

À SAVOIR

### LES TYPES DE NARRATION

**La narration peut utiliser trois traitements temporels différents.**

• La *narration postérieure* raconte après coup les événements et permet au narrateur de prendre du recul par rapport à ce qu'il raconte. C'est le cas notamment des autobiographies, qui sont bien souvent écrites en pleine maturité.

• La *narration antérieure* parle des événements avant qu'ils aient eu lieu. C'est le cas des prédictions de Nostradamus par exemple.

• La *narration simultanée*, employée ici par Léon Werth, consiste à raconter les événements au fur et à mesure qu'ils se produisent. L'auteur a moins de recul mais, en contrepartie, son texte touche au plus près de la vérité de l'instant. C'est notamment le cas des journaux intimes.

# LA COLLABORATION DE LA SOUTREUX

## Lire

**1** Comment la transition avec le chapitre précédent s'opère-t-elle ?

**2** Relevez toutes les informations chiffrées mentionnées par l'auteur (l. 7 à 33). Sur quoi veut-il attirer l'attention du lecteur ? Citez la phrase où la réaction personnelle de l'auteur par rapport à ce comportement nous est donnée.

**3** Montrez que l'auteur n'est pas enclin à juger rapidement un comportement humain (l. 28 à 33).

**4** Comparez l'hospitalité de la Soutreux avec celle d'Abel (l. 55 à 79).

**5** Relevez la phrase qui montre l'humilité de l'auteur (l. 80 à 85).

**6** Repérez une anticipation (l. 88 à 101). Quand sera-t-elle comblée ?

**7** Relevez les arguments de la Lerouchon et de la Soutreux pour justifier l'Allemagne (l. 152 à 180).

**8** Repérez un retour en arrière et dites quelle est son utilité (l. 181 à 197). Quel est le temps utilisé dans ce passage ? Quels mots introduisent ce retour en arrière ? Quel mot y met fin ?

**9** Repérez, dans le premier paragraphe de la page 69, une périphrase pour désigner les Allemands et commentez-la.

**10** Expliquez la phrase suivante : « Et la gentillesse [...] démonstration. » (l. 222 à 224)

**11** Relevez, dans un tableau à double entrée, les éléments positifs et les éléments négatifs sur le fait que les Allemands prennent des bébés dans leurs bras (l. 214 à 233). Qu'en pense l'auteur d'après vous ?

**12** Opposez l'attitude de Madame Lerouchon et de Madame Aufresne (l. 315 à 341).

**13** Repérez dans les premiers paragraphes de la page 73 en quoi la Lerouchon et la Soutreux dépassent les bornes.

**14** Relevez toutes les marques de collaboration de la Soutreux.

## Écrire

**15** Justifiez la préface de l'auteur en citant quelques passages du livre.

**16** Récrivez les lignes 3 à 27 au discours direct. C'est la Soutreux qui s'exprime.

**17** À votre tour, selon l'exemple des lignes 86 à 134, réalisez une galerie de portraits en soignant bien les transitions entre les différents personnages (*cf.* « À savoir »).

**18** Adaptez l'expression « la cabèche à Adolphe » (l. 141) en langage courant.

**19** L. 143 à 147 : copiez le parallélisme utilisé dans cette phrase.

**20** L. 161 à 163 : copiez le rythme ternaire de cette phrase.

**21** Répondez aux arguments de la Lerouchon et de la Soutreux dans un paragraphe argumentatif (l. 152 à 180).

**22** Pour ces mêmes paragraphes, changez le ton des commentaires de l'auteur en ajoutant des phrases exclamatives pour exprimer mépris et indignation.

## Chercher

**23** Cherchez qui est Chamberlain (l. 155).

**24** Cherchez l'étymologie du mot « orthodoxe » (l. 197).

POUR COMPRENDRE

À SAVOIR

### LA CHRONOLOGIE DU RÉCIT

Deux bouleversements chronologiques sont possibles :
– l'*anticipation* (ou prolepse) : le narrateur laisse entrevoir des événements qui auront lieu plus tard. Cela lui permet de créer un effet d'attente s'il ne les dévoile pas entièrement. Les indices temporels de l'anticipation sont tournés vers le futur (« On verra *plus tard* ») et accompagnés des temps qui permettent d'exprimer la postériorité (futur, conditionnel) ;
– le *retour en arrière* (ou analepse) : le narrateur revient sur des événements qui ont déjà eu lieu, soit pour en donner un nouvel éclairage, soit pour combler une lacune de la narration. Les indices temporels sont alors tournés vers le passé (« J'ai *déjà* dit ») et les temps expriment l'antériorité (plus-que-parfait).

### L'ART DU PORTRAIT

Le narrateur est le seul maître de l'impression qu'il veut donner d'un personnage. S'il veut le présenter sous un jour sympathique, s'il veut que le lecteur s'attache à ce personnage, il lui donne des caractéristiques positives (Abel Delaveau). S'il veut au contraire que le lecteur n'apprécie pas ce personnage, il utilise un vocabulaire péjoratif (la Soutreux).
Dans un portrait, on est souvent tenté d'utiliser les verbes « être » et « avoir ». Pour éviter ces répétitions, il suffit d'intervertir l'ordre des mots de la phrase. Par exemple, au lieu d'écrire : « elle a les cheveux blonds », il vaut mieux écrire « ses cheveux blonds flottaient au vent ». De même, au lieu de la phrase : « elle était gentille », on peut écrire : « sa gentillesse se révélait dans ce regard tendre qu'elle adressait à tous sans distinction ».

# LA RÉCUPÉRATION

POUR COMPRENDRE

## Lire

**1** L. 361-362 : expliquez cette phrase.

**2** Quelle différence faites-vous entre un « foyer » et un « refuge » (l. 389-390) ?

**3** L. 430 à 431 : quel est l'effet produit par le rythme de cette phrase ?

**4** Quels personnages sont désignés par les périphrases suivantes : « l'énergumène foraine » et « la châtelaine aux glaces à quatre mille francs » (l. 483-484) ? Retrouvez une autre périphrase pour désigner la Soutreux page 83. Quel effet l'auteur cherche-t-il à produire ?

**5** À quoi est comparée la guerre page 80 ? Commentez.

**6** Repérez une modalisation de doute (l. 514 à 520). Quel effet produit-elle (*cf.* « À savoir ») ?

**7** Relevez les diverses façons de nommer les objets récupérés (l. 600 à 612).

**8** Que sous-entend l'auteur dans les lignes 618 à 621 ?

**9** Repérez un jeu de mots et expliquez-le (l. 625 à 630).

**10** Montrez que l'auteur laisse une certaine liberté dans l'interprétation des faits qu'il propose (l. 668 à 672).

**11** Montrez que le narrateur, à nouveau, ne s'épargne pas (l. 682 à 689).

## Écrire

**12** Écrivez quelques phrases sur le modèle des lignes 430 à 431.

**13** Cherchez tous les sens possibles du mot « récupération » (l. 625) et illustrez-les par des phrases.

## Chercher

**14** Faites des recherches sur la secte des quakers (l. 470).

**15** Cherchez qui a écrit : « La propriété, [...] c'est le vol. »

**16** Cherchez l'étymologie du mot « philanthropie » (l. 675).

À SAVOIR

**LES MODALISATIONS**

Lorsque l'auteur révèle la façon dont il envisage ce qu'il rapporte, on dit qu'il modalise son propos. Si l'auteur exprime une certitude, il utilise des *modalisations de certitude* qui peuvent prendre la forme d'adverbes (« assurément ») ou d'expressions impersonnelles (« c'est évident »). Si l'auteur veut exprimer un doute, il utilise des *modalisations de mise en doute* sous forme d'adverbes (« peut-être »), d'expressions impersonnelles (« il semble »), ou encore il choisit un lexique (« je crois »), un mode appropriés (« il viendrait »).

POUR COMPRENDRE

## Lire

**1** Depuis quand l'exode a-t-il commencé et combien de temps va-t-il durer encore (l. 690) ? Où en est-on du livre ? Qu'en concluez-vous ?

**2** Expliquez cette phrase : « Nous vivons dans une prison murée d'incertitudes. » (l. 690-691)

**3** Repérez une anticipation page 88 et dites quelle est son utilité ?

**4** Repérez une phrase au présent de vérité générale (l. 702 à 709).

**5** Relevez un aphorisme, c'est-à-dire une vérité, une maxime énoncée en peu de mots (l. 745 à 759).

**6** À quoi est comparé Dieu dans les lignes 774 à 780 ? Qu'en concluez-vous sur les sentiments religieux de l'auteur ?

**7** Après relecture des lignes (l. 790 à 840), définissez le rapport que l'auteur entretient avec l'Histoire.

**8** Repérez et analysez la métaphore qui désigne Hitler et la comparaison qui désigne le narrateur (l. 808 à 818). Que remarquez-vous ?

**9** Repérez un retour en arrière (pp. 93-94). Quelle est son utilité ?

**10** Le narrateur dit qu'il voudrait fuir (l. 925). N'a-t-il pas trouvé un moyen efficace de le faire ? Expliquez.

**11** L. 934-935 : que veut dire l'auteur par cette phrase : « J'ignorais que je possédais Nice à ce point. » ?

**12** Repérez une anaphore (*cf.* « À savoir », p. 198) et commentez l'effet qu'elle produit (l. 934 à 938).

**13** L. 939-940 : pourquoi le narrateur parle-t-il du pot de confiture de groseilles à ce moment-là de son récit ?

**14** Pourquoi l'auteur ne croit-il pas que la Soutreux et la Lerouchon appartiennent à la cinquième colonne (l. 1132 à 1142) ?

**15** L. 1151 à 1153 : pour quelle autre raison, d'après vous, la Soutreux pourrait-elle sourire à ce soldat ?

**16** Relevez une phrase où l'auteur fait un retour sur lui-même (l. 1220 à 1232).

**17** À quoi est comparé le Sénégalais (l. 1235 à 1238) ? Analysez cette comparaison.

**18** Quelle est la valeur du déterminant possessif dans « *mon* Sénégalais » (l. 1269) ?

**19** Comment le narrateur tente-t-il d'excuser la Soutreux dans la page 112 ?

**20** L. 1368 à 1390 : montrez que le narrateur recherche l'objectivité dans son récit.

**21** L. 1387-1388 : expliquez cette phrase (« Mais il y a une propriété qui n'est que du cœur. »).

**22** L. 1454 à 1458 : à quoi le narrateur se compare-t-il ? À quoi compare-t-il la Soutreux ?

**23** L. 1473 à 1483 : montrez que l'auteur a des scrupules à retranscrire les paroles de la Soutreux. Pourquoi ?

**24** Dans le dernier paragraphe de la page 119, relevez les marques du courage des Aufresne.

## Écrire

**25** Racontez le voyage du fils.

**26** « J'y tiens par sentiment. » (l. 784). Inventez une histoire qui expliquera pourquoi l'auteur tient à ce briquet.

**27** Récrivez les lignes 796 à 814 au conditionnel. Attention, tous les verbes ne sont pas à changer.

**28** Montrez que le narrateur se contredit dans les lignes 815 à 830, ce qui n'est pas la marque d'une incohérence mais d'une pensée complexe, qui a le souci des nuances.

**29** Écrivez un court passage en utilisant l'anaphore (l. 934 à 938).

**30** L. 957 à 962 : récrivez cette phrase en exprimant un rapport de conséquence et non plus de cause.

**31** L. 963 : racontez les débuts d'une amitié en insistant bien sur les circonstances de la rencontre.

## Chercher

**32** À quelle date fut signé l'armistice (l. 716) ?

**33** Cherchez qui est Lucien Febvre (l. 825).

**34** Cherchez qui sont Descartes, Gœthe et Nietzsche, ainsi que leurs œuvres les plus connues (l. 834, 847-848).

**35** Cherchez à quel mouvement pictural appartiennent tous les peintres cités (l. 865-866). Retrouvez certaines reproductions de leurs œuvres.

**36** L. 1239 : comment appelle-t-on la Vénus sortant des eaux ? Retrouvez le poème de Rimbaud, tiré des *Poésies*, qui s'intitule ainsi et le tableau de Botticelli qui représente cette Vénus.

### À SAVOIR

**ANALYSE D'UNE COMPARAISON**

Analyser une comparaison, c'est identifier chacun des éléments qui la composent, c'est-à-dire : le comparé, le comparant, l'outil de comparaison (comme, pareil à, tel que...) et le motif du rapprochement. Ainsi : « La caravane avance et grince, comme la chaîne d'un puits » a pour comparé « la caravane », pour comparant « la chaîne du puits », pour outil de comparaison « comme » et pour motif de rapprochement le bruit de grincement.

# LES ALLEMANDS

## Lire

**1** Page 120, à quel chapitre l'auteur fait-il allusion ? Retrouvez la page. Notez les différences dans le paysage. Combien de temps s'est-il écoulé entre ces deux descriptions ?

**2** Dans cette même page, retrouvez un mot qui appartient au champ lexical de la peinture au même titre que « tableau ».

**3** Pourquoi les souvenirs d'enfance grandissent-ils la réalité d'après vous (l. 22-24) ?

**4** Pourquoi le narrateur peut-il effectivement affirmer qu'il a été privé de qualité humaine (l. 35 à 38) ?

**5** Dans les lignes 54 à 79, relevez les oppositions avec le premier passage à Chapelon. Par quel moyen ces oppositions sont-elles marquées ?

**6** Quel mot est répété plusieurs fois dans les lignes 182 à 202 ? Pourquoi ?

**7** Montrez qu'il tient au cœur du narrateur de prouver l'ambiguïté du comportement humain (l. 190 à 202).

**8** L. 214 à 229 : relevez un aphorisme.

**9** L. 296 : expliquez le sens du mot « symbole » dans cette phrase.

**10** Expliquez en quoi l'épisode des femmes faisant la queue à la boulangerie (l. 366 à 372) est un exemple d'abaissement.

**11** Comment le narrateur interprète-t-il le geste du soldat (l. 410 à 416) ?

**12** L. 422 à 424 : pourquoi cette prononciation paysanne plaît-elle tant à l'auteur ?

**13** Quel événement tragique est placé en ellipse narrative (événement non raconté) lignes 457 et 458 ?

**14** L. 497 à 507 : relevez un retour en arrière. Quels sont les temps employés ?

**15** L. 535 à 537 : que veut dire l'auteur dans ces phrases ?

**16** Quelles différences de sens faites-vous entre « Boches », « Allemands » et « soldats » (l. 541 à 546) ?

## Écrire

**17** Racontez un retour sur les lieux de votre enfance en opposant vos souvenirs et la réalité qui s'offre alors à vous.

**18** Décrivez votre chambre.

**19** Imaginez l'hypothèse émise par le narrateur lignes 302 à 304.

**20** Racontez votre relation avec un animal domestique.

**21** L. 366 à 372 : faites un changement de point de vue ; racontez la scène de la queue à la boulangerie d'abord du point de vue des femmes, puis de celui de l'Allemand.

POUR COMPRENDRE

POUR COMPRENDRE

## Chercher

**22** Quelle différence faites-vous entre la force et l'autorité (l. 119) ?

**23** Qui sont Daladier et Gœring (l. 282) ?

**24** L. 308 à 311 : cherchez dans quelles pages l'auteur a déjà émis une idée pareille.

**25** Faites des recherches sur Montaigne, Pascal et l'humanisme (l. 393-394).

**26** L. 467 à 471 : retrouvez le passage où le « pharmacien mystique » a exprimé ces mêmes idées contre les instituteurs.

À SAVOIR

### LE POINT DE VUE OU FOCALISATION

Comme le mot « vue » l'indique, chercher le point de vue utilisé dans un texte revient à se poser la question « qui voit ? », mais aussi « qui entend ? », « qui ressent ? », « qui pense ? ». C'est pour cela qu'il est bon, avant de tenter de déterminer le point de vue que l'auteur a choisi d'utiliser, de relever tous les verbes de perception (voir, entendre, ressentir, penser et leurs synonymes), ainsi que leur sujet.

Il existe trois points de vue différents :
– le point de vue *extérieur* (ou focalisation externe) : les événements semblent se raconter d'eux-mêmes sans qu'aucun personnage ne les perçoive. Dans ce cas, bien sûr, il n'y a pas de verbes de perception ;
– le point de vue *intérieur* (ou focalisation interne) : l'auteur choisit de rapporter la scène telle qu'elle a été vue, pensée, ressentie par l'un des personnages. Dans ce cas, les verbes de perception ont tous le même sujet : le personnage en question. L'auteur est alors prisonnier du point de vue qu'il a choisi d'adopter et il rapporte uniquement ce que ce personnage-là peut effectivement voir ou entendre ;
– le point de vue *omniscient* (ou focalisation zéro) : le narrateur est censé tout savoir sur tout et il peut ainsi donner les pensées de plusieurs personnages ou même raconter ce qui se passe dans plusieurs lieux à la fois. Dans ce cas, les verbes de perception ont des sujets différents.

Un même texte peut faire alterner plusieurs points de vue.

## Lire

**1** Repérez une métonymie (*cf.* « À savoir », p. 198) page 142. Quel effet produit-elle ?

**2** Qu'est-ce qui caractérise les Saxons (pp. 142-143) ?

**3** L. 614 à 617 : à quoi la maison puis les Allemands sont-ils comparés ? Comment comprenez-vous ces deux comparaisons ?

**4** À la page 144, commentez l'utilisation de l'opposition.

**5** L. 720 : pourquoi cette pensée est-elle « trop simple » d'après l'auteur ?

**6** Analysez pourquoi le narrateur prend soin de relater l'épisode des voitures jetées du pont (l. 866 à 872).

**7** Expliquez cette phrase : « Le visage de la défaite, je l'avais vu aux soldats fuyant sur les routes, je ne l'avais pas vu aux civils. » (l. 918-919).

**8** L. 914 à 927 : relevez le champ lexical du regard dans ce paragraphe et justifiez sa présence.

**9** Expliquez pourquoi le curé ne peut plus officier (l. 932 à 941). Qu'est-ce qui intéresse le plus l'auteur dans cette histoire ?

**10** L. 952 à 954 : « Mais tant que vous porterez chez nous ce costume (elle désigne du doigt son uniforme), vous serez mon ennemi. » Que signifie cette phrase ?

**11** Retrouvez la périphrase qui permet de désigner l'imprimerie (l. 959 à 970).

**12** Expliquez pourquoi l'auteur n'est pas choqué que des soldats français et allemands trinquent ensemble (l. 1074 à 1082).

**13** L. 1118 à 1123 : qui est désigné par ce « ils » ? Quand avez-vous déjà rencontré ce pronom personnel ?

**14** L. 1129 à 1134 : relevez les qualités d'Abel.

**15** Faites le schéma narratif (*cf.* « À savoir ») de l'anecdote racontée dans les lignes 1143 à 1150.

**16** L. 1197 : le narrateur dit qu'il a été lâche. En quoi l'a-t-il été ?

## Écrire

**17** L. 707-708 : « On verra quels contrastes peut révéler un homme, fût-il caporal rengagé, fût-il Allemand. » Montrez, en citant des exemples du texte, que cette phrase peut s'appliquer à tous les personnages du livre.

**18** L. 1039 à 1062 : écrivez un dialogue argumentatif entre deux élèves de troisième. Le premier défendra la thèse que la tante a eu raison de serrer la main de l'Allemand qui l'a aidée, alors que le second défendra la thèse opposée. Veillez à présenter correctement votre dialogue et à

POUR COMPRENDRE

varier les verbes introducteurs des paroles.

**19** L. 1143 à 1150 : racontez une anecdote de votre choix en respectant le schéma narratif (*cf.* « À savoir »). Rédigez un paragraphe par étape et respectez l'emploi des temps (*cf.* « À savoir »).

## Chercher

**20** L. 704-705 : qu'est-ce que « l'exercice des âmes » d'après Montaigne ?

**21** Cherchez la définition de « chiasme » dans un dictionnaire des figures de style et retrouvez-en un dans l'avant-dernier paragraphe de la page 151.

**22** L. 925 à 927 : quelle différence faites-vous entre humanisme et patriotisme ?

**23** Faites des recherches sur l'invention de l'imprimerie.

**24** L. 1031 : de quelle guerre s'agit-il ? Quelle célèbre nouvelle de Maupassant, ayant pour héroïne une prostituée, la prend pour toile de fond ?

**25** L. 1260 : cherchez et lisez la fable de La Fontaine intitulée « Le coche et la mouche ».

---

**À SAVOIR**

**LE SCHÉMA NARRATIF**

**Le schéma narratif est un schéma en cinq parties qui permet de rendre compte de l'organisation d'un récit.**

• *Situation initiale :* il s'agit d'une situation stable dans laquelle on présente le temps, le lieu et les personnages de l'action. Elle est exprimée le plus souvent à l'imparfait.

• *Élément perturbateur :* c'est l'étape qui permet de donner véritablement naissance à l'histoire. Quelque chose vient perturber la situation stable du début. Cette étape est généralement exprimée au passé simple.

• *Action :* il s'agit maintenant de résoudre la perturbation ; toutes les actions engagées par les différents personnages pour ce faire constituent cette étape qui est la plus longue du récit.

• *Résolution :* il faut bien comprendre que cette résolution peut être aussi bien positive que négative. Elle met un terme aux actions entreprises et introduit la dernière étape.

• *Situation finale :* il doit s'agir à nouveau d'une situation stable qui renseigne le lecteur sur le sort des personnages les plus importants.

## Lire

**1** Expliquez l'expression « ambassadeur du royaume de l'esprit » (l. 14).

**2** Relevez, dans la page 174, les différentes idées véhiculées par la propagande et expliquez la phrase sur le réseau hertzien (l. 33-35).

**3** L. 38 à 45 : montrez qu'il y a un effet de decrescendo dans une des phrases de ce paragraphe. Quelle est l'intention de l'auteur ?

**4** Expliquez qui est « l'homme qui corrige le cours des choses ou la stagnation du monde » (l. 41-42).

**5** Pourquoi cela pourrait-il sembler paradoxal que les yeux du caporal mendient et supplient (l. 48) ?

**6** De la p. 175 à la p. 177 : relevez les différentes comparaisons dont le caporal colosse fait l'objet dans ces pages et analysez-les.

**7** Pourquoi le mot « *Finsternis* » sonne-t-il si poétiquement aux oreilles du narrateur (p. 176) ?

**8** L. 119 à 123 : repérez une anaphore (*cf.* « À savoir », p. 198). Quel sentiment exprime-t-elle ?

**9** Quel est l'antonyme (mot de sens contraire) de nomade (l. 124) ?

**10** L. 132 à 137 : repérez une phrase nominale. Quel effet produit-elle ?

**11** Quel champ lexical le narrateur utilise-t-il dans les lignes 172 à 183 ? Justifiez sa présence.

**12** À qui l'auteur s'adresse-t-il dans les lignes 201 à 204 ? Pourquoi ?

**13** L. 205 à 209 : montrez que le narrateur n'insiste pas sur ses émotions au moment où il retrouve son fils.

**14** Commentez le style et le sens de cette dernière phrase qui sert de clausule (dernières phrases d'un texte) au récit.

**15** Relevez dans le chapitre tous les éléments qui présentent positivement le caporal colosse.

## Écrire

**16** Rédigez la lettre que l'auteur aurait pu écrire au caporal colosse après le guerre pour le remercier de son geste.

**17** Récrivez la scène des retrouvailles avec le fils en tentant de toucher le lecteur. Pensez à utiliser un vocabulaire émouvant et des phrases exclamatives.

## Chercher

**18** Cherchez le champ sémantique du verbe « entendre » dans le *Dictionnaire historique de la langue française* d'Alain Rey. Que constatez-vous sur l'utilisation de ce verbe dans les lignes 23-24 ?

POUR COMPRENDRE

**19** L. 27-28 : à quelle date le maréchal Pétain obtient-il les pleins pouvoirs ?

**20** Quel est le nom du géant qui, dans la mythologie, porte le monde sur son dos (l. 50) ?

**21** Situez sur une carte de la France de 1940 la ligne de démarcation entre la zone occupée et la zone libre.

À SAVOIR

### LES FIGURES DE STYLE

Pour transfigurer la réalité, l'écrivain dispose des figures de style qui lui permettent de présenter les choses de façon imagée. Étant donné que Léon Werth utilise une langue très poétique, de nombreuses figures de rhétorique sont présentes dans son récit :
– la *comparaison*, qui permet de rapprocher, par le moyen d'un outil de comparaison (comme, ressembler à…), deux termes qui ont un point commun dans l'esprit de l'auteur : « Je répondis comme un écolier interrogé » ;
– la *métaphore*, qui permet d'effectuer ce même rapprochement, mais sans utiliser d'outil : « Nous avons une courbature d'Allemands ». À noter que lorsque la métaphore s'opère sous forme de complément du nom comme ici, on parle de *métaphore génitive*, le génitif étant le cas qui permet d'exprimer le complément du nom en latin ;
– la *périphrase*, qui remplace un mot par ce qui pourrait en être la définition : « la femme qui offre du champagne aux soldats allemands » désigne ainsi la Soutreux ;
– la *litote*, qui permet d'atténuer une réalité positive. C'est le célèbre « Va, je ne te hais point » que Chimène lance à Rodrigue après que celui-ci a tué le père de sa bien-aimée (*Le Cid* de Corneille) ;
– l'*euphémisme*, qui permet, lui, d'atténuer une réalité négative : « la Soutreux nous convie à "aller voir" ce camion » est bien sûr un euphémisme pour « nous convie à aller piller ce camion » ;
– l'*antithèse*, qui consiste à opposer deux éléments dans une même phrase : « J'aime mieux mourir debout que de vivre à genoux » ;
– la *métonymie*, qui remplace une réalité par une de ses parties, par exemple un vêtement pour un Allemand dans la phrase suivante : « Nous sommes sous la domination des canons et des shorts » ;
– l'*anaphore*, qui consiste à répéter un ou plusieurs mots en début de phrase, de proposition ou de vers.

## I) LE REFUS DE LA HAINE

La Seconde Guerre mondiale a suffisamment marqué les esprits pour donner naissance à une littérature abondante : documentaires plus ou moins objectifs ou témoignages personnels (Albert Camus) se succèdent pour tenter de mettre en lumière et d'analyser ce que tous souhaitent ne plus jamais revoir. Et c'est grâce notamment à des œuvres aussi intelligentes et humanistes que celle de Primo Levi que le devoir de mémoire peut s'opérer et l'esprit de vigilance être éveillé.

### Primo Levi (1919-1987)
*Si c'est un homme*, 1947

Primo Levi fut arrêté en tant que résistant en février 1944 puis déporté au camp d'extermination d'Auschwitz dont il sortit en janvier 1945. Son premier livre, *Si c'est un homme*, paru dès 1947, est l'un des premiers témoignages sur les camps. Ce journal de déportation est édifiant en ceci qu'il ne cède jamais à la haine et qu'il affiche pour objet « une étude dépassionnée de certains aspects de l'âme humaine ».

#### Préface
J'ai eu la chance de n'être déporté à Auschwitz qu'en 1944, alors que le gouvernement allemand, en raison de la pénurie croissante de main-d'œuvre, avait déjà décidé d'allonger la moyenne de vie des prisonniers à éliminer, améliorant sensiblement leurs conditions de vie et suspendant provisoirement les exécutions arbitraires individuelles.

Aussi, en fait de détails atroces, mon livre n'ajoutera-t-il rien à ce que les lecteurs du monde entier savent déjà sur l'inquiétante question des camps d'extermination. Je ne l'ai pas écrit dans le but d'avancer de nouveaux chefs d'accusation, mais plutôt pour fournir des documents à une étude dépassionnée de certains aspects de l'âme humaine. Beaucoup d'entre nous, individus ou peuples, sont à la merci de cette idée, consciente ou inconsciente, que « l'étranger, c'est l'ennemi ». Le plus souvent, cette conviction sommeille dans les esprits, comme une infection latente ; elle ne se manifeste que par des actes isolés, sans lien entre eux, elle ne fonde pas un système. Mais lorsque cela se produit, lorsque le dogme informulé est promu au rang de prémisse majeure d'un syllogisme, alors, au bout de la chaîne logique, il y a le Lager ; c'est-à-dire le produit d'une conception du monde poussée à ses plus extrêmes conséquences avec une cohérence rigoureuse ; tant que la conception a cours, les conséquences nous menacent. Puisse l'histoire des camps d'extermination retentir pour tous comme un sinistre signal d'alarme.

En 1976, Primo Levi ajoute un appendice à son livre dans lequel il répond aux différentes questions des lycéens. L'une de ces questions porte justement sur l'absence de haine dans le livre.

*Dans votre livre, on ne trouve pas trace de haine à l'égard des Allemands ni même de rancœur ou de désir de vengeance. Leur avez-vous pardonné ?*

La haine est assez étrangère à mon tempérament. Elle me paraît un sentiment bestial et grossier, et, dans la mesure du possible, je préfère que mes pensées et mes actes soient inspirés par la raison ; c'est pourquoi je n'ai jamais, pour ma part, cultivé la haine comme désir primaire de revanche, de souffrance infligée à un ennemi véritable ou supposé, de vengeance particulière. Je dois ajouter, à en juger par ce que je vois, que la haine est personnelle, dirigée contre une personne, un visage ; or, comme on peut voir dans les pages mêmes de ce livre, nos persécuteurs n'avaient pas de nom, ils n'avaient pas de visage, ils étaient lointains, invisibles, inaccessibles. Prudemment, le système nazi faisait en sorte que les contacts directs entre les esclaves et les maîtres fussent réduits au minimum. Vous aurez sans doute remarqué que le livre ne mentionne qu'une seule rencontre de l'auteur-protagoniste avec un SS […], et ce n'est pas un hasard si elle a lieu les tout derniers jours du Lager, alors que celui-ci est en voie de désagrégation et que le système concentrationnaire ne fonctionne plus.

D'ailleurs, à l'époque où le livre a été écrit, c'est-à-dire en 1946, le nazisme et le fascisme semblaient véritablement ne plus avoir de visage ; on aurait dit – et cela paraissait juste et mérité – qu'ils étaient retournés au néant, qu'ils s'étaient évanouis comme un songe monstrueux, comme les fantômes qui disparaissent au chant du coq. Comment aurai-je pu éprouver de la rancœur envers une armée de fantômes, et vouloir me venger d'eux ?

Des années qui suivirent, l'Europe et l'Italie s'apercevaient que ce n'étaient là qu'illusion et naïveté : le fascisme était loin d'être mort, il n'était que caché, enkysté ; il tait en train de faire sa mue pour réapparaître ensuite sous de nouveaux dehors, un peu moins reconnaissable, un peu plus respectable, mieux adapté à ce monde nouveau, né de la catastrophe de la Seconde Guerre mondiale que le fascisme avait lui-même provoquée. Je dois avouer que face à certains visages, à certains individus en mal de respectabilité, à certaines indulgences et connivences, la tentation de la haine se fait sentir en moi, et même violemment. Mais je ne suis pas un fasciste, je crois dans la raison et dans la discussion comme instruments suprêmes de progrès, et le désir de justice l'emporte en moi sur la haine. C'est bien pourquoi, lorsque j'ai écrit ce livre, j'ai délibérément recouru au langage sobre et posé du témoin plutôt qu'au pathétique de la victime ou à la véhémence du vengeur : je pensais que mes paroles seraient d'autant plus crédibles qu'elles apparaîtraient plus objectives et dépassionnées ; c'est dans ces conditions seulement qu'un témoin appelé à déposer en justice remplit sa mission, qui est de préparer le terrain aux juges. Et les juges, c'est vous.

Toutefois, je ne voudrais pas qu'on prenne cette absence de jugement explicite de ma part pour un pardon indiscriminé. Non, je n'ai pardonné à aucun des coupables, et jamais, ni maintenant ni dans l'avenir, je ne leur pardonnerai, à moins qu'il ne s'agisse de quelqu'un qui ait prouvé – faits à l'appui, et pas avec des mots, ou trop tard – qu'il est aujourd'hui conscient des fautes et des erreurs du fascisme, chez nous et à l'étranger, et qu'il est résolu à les condamner et à les extirper de sa propre conscience et de celle des autres. Dans ce cas-là alors, oui, bien que non chrétien, je suis prêt à pardonner, à suivre le précepte juif et chrétien qui engage à pardonner à son ennemi ; mais un ennemi qui se repent n'est plus un ennemi.

Primo Levi, *Si c'est un homme*, trad. M. Schruoffeneger, Julliard, 1987.

## Albert Camus (1913-1960)
*Lettres à un ami allemand*, 1948

Albert camus a déclaré en 1948 qu'il fallait lire les *Lettres à un ami allemand*, écrites pendant l'Occupation mais publiées à la Libération, comme un document de lutte contre la violence.
Il insiste d'abord sur la notion de nuances qui est si chère à Léon Werth dans *33 jours*.

Je n'ai jamais cru au pouvoir de la vérité par elle-même. Mais c'est déjà beaucoup de savoir qu'à énergie égale, la vérité l'emporte sur le mensonge. C'est à ce difficile équilibre que nous sommes parvenus. C'est appuyés sur cette nuance qu'aujourd'hui nous combattons. Et je serais tenté de vous dire que nous luttons justement pour des nuances, mais des nuances qui ont l'importance de l'homme même. Nous luttons pour cette nuance qui sépare le sacrifice de la mystique, l'énergie de la violence, la force de la cruauté, pour cette plus faible nuance encore qui sépare le faux du vrai et l'homme que nous espérons des dieux lâches que vous révérez.

Un peu plus loin dans l'œuvre, Albert Camus insiste davantage sur le refus de la haine qui est, d'après lui, l'apanage de ce « nous » dont il dit dans la préface qu'il renvoie aux Européens libres par opposition non tant aux Allemands en général qu'aux nazis en particulier.

Voilà pourquoi à la fin de ce combat, du sein de cette ville qui a pris son visage d'enfer, par-dessus toutes les tortures infligées aux nôtres, malgré nos morts défigurés et nos villages d'orphelins, je puis vous dire qu'au moment même où nous allons vous détruire sans pitié, nous sommes cependant sans haine contre vous. Et si même demain, comme tant d'autres, il nous fallait mourir, nous serions encore sans haine. Nous ne pouvons vous répondre de ne pas avoir peur, nous essaierions seulement d'être raisonnables. Mais nous pouvons répondre de ne rien haïr. Et la seule chose au monde que je pourrais aujourd'hui détester, je vous dis que nous sommes en règle avec elle et que nous voulons vous détruire dans votre puissance sans vous mutiler dans votre âme.

Cet avantage que vous aviez sur nous, vous voyez que vous continuez de l'avoir. Mais il fait aussi bien notre supériorité. Et c'est elle qui me rend maintenant cette nuit légère. Voici notre force qui est de penser

# Le refus de la haine

comme vous sur la profondeur du monde, de ne rien refuser du drame qui est le nôtre, mais en même temps d'avoir sauvé l'idée de l'homme au bout de ce désastre de l'intelligence et d'en tirer l'infatigable courage des renaissances. Certes, l'accusation que nous portons contre le monde n'en est pas allégée. Nous avons payé trop cher cette nouvelle science pour que notre condition ait cessé de nous paraître désespérante. Des centaines de milliers d'hommes assassinés au petit jour, les murs terribles des prisons, une Europe dont la terre est fumante de millions de cadavres qui ont été ses enfants, il a fallu tout cela pour payer l'acquisition de deux ou trois nuances qui n'auront peut-être pas d'autre utilité que d'aider quelques-uns d'entre nous à mieux mourir. Oui, cela est désespérant. Mais nous avons à faire la preuve que nous ne méritons pas tant d'injustice.

Albert Camus, *Lettres à un ami allemand*, Gallimard, 1948.

## II) AIMER SON ENNEMI

En temps de guerre, la haine pour l'ennemi semble souvent aller de soi. Cependant, certains chanteurs engagés ont défendu l'idée d'une plus grande tolérance et ont refusé de juger trop vite et trop mal l'ennemi désigné d'office.

### Jean-Jacques Goldman (1951)

Dans sa chanson *Né en 17 à Leidenstadt* (1990), Jean-Jacques Goldman tente de se mettre à la place de cet ennemi, l'Allemand en l'occurrence, et montre par là même que celui qui prend le temps d'essayer de comprendre est aussi celui qui est le moins prompt à juger.

> Et si j'étais né en 17 à Leidenstadt,
> Sur les ruines d'un champ de bataille,
> Aurais-je été meilleur ou pire que ces gens,
> Si j'avais été Allemand ?
>
> Bercé d'humiliation, de haine et d'ignorance,
> Nourri de rêves de revanche,
> Aurais-je été de ces improbables consciences,
> Larmes au milieu d'un torrent ?
>
> Si j'avais grandi dans les docklands de Belfast,
> Soldat d'une foi, d'une caste,
> Aurais-je eu la force, envers et contre les miens,
> De trahir, tendre une main ?

Si j'étais née blanche et riche à Johannesburg,
Entre le pouvoir et la peur,
Aurais-je entendu ces cris portés par le vent :
« Rien ne sera comme avant. » ?

On saura jamais c'qu'on a vraiment dans nos ventres,
Caché derrière nos apparences.
L'âme d'un brave ou d'un complice ou d'un bourreau ?
Ou le pire ou le plus beau ?
Serions-nous de ceux qui résistent ou bien les moutons d'un
troupeau,
S'il fallait plus que des mots ?

Et si j'étais né en 17 à Leidenstadt,
Sur les ruines d'un champ de bataille,
Aurais-je été meilleur ou pire que ces gens,
Si j'avais été Allemand ?

Et qu'on nous épargne à toi et moi si possible très longtemps
D'avoir à choisir un camp.

Jean-Jacques Goldman, *Né en 17 à Leidenstadt*, © Sony Music, 1990.

## Barbara (1930-1997)

Dans sa chanson sur *Göttingen* (1965), Barbara évoque avec amour l'Allemagne et les Allemands en s'excusant auprès de ceux qui pourraient s'en étonner.

Bien sûr, ce n'est pas la Seine,
Ce n'est pas le bois de Vincennes,

# Aimer son ennemi

Mais c'est bien joli tout de même,
À Göttingen, à Göttingen,
Pas de quai et pas de rengaines,
Qui se lamentent et qui se traînent,
Mais l'amour y fleurit quand même,
À Göttingen, à Göttingen,

Ils savent mieux que nous, je pense,
L'histoire de nos rois de France,
Hermann, Peter, Helga et Hans,
À Göttingen,

Et que personne ne s'offense,
Mais les contes de notre enfance,
« Il était une fois » commencent,
À Göttingen,

Bien sûr, nous avons la Seine,
Et puis notre bois de Vincennes,
Mais, Dieu, que les roses sont belles,
À Göttingen, à Göttingen,

Nous, nous avons nos matins blêmes,
Et l'âme grise de Verlaine,
Eux, c'est la mélancolie même,
À Göttingen, à Göttingen,

Quand ils ne savent rien nous dire,
Ils restent là, à nous sourire,
Mais nous les comprenons quand même,
Les enfants blonds de Göttingen,

Et tant pis pour ceux qui s'étonnent,
Et que les autres me pardonnent,
Mais les enfants ce sont les mêmes,
À Paris ou à Göttingen,

Ô faites que jamais ne revienne,
Le temps du sang et de la haine,
Car il y a des gens que j'aime,
À Göttingen, à Göttingen,

Et lorsque sonnerait l'alarme,
S'il fallait reprendre les armes,
Mon cœur verserait une larme,
Pour Göttingen, pour Göttingen...

Barbara, *Göttingen*, © Éditions Métropolitaines, 1965.

## Brassens (1921-1981)

Brassens a écrit plusieurs chansons pour dénoncer l'absurdité de la guerre. Dans *Les Deux Oncles* (1964), il reprend plusieurs conflits internationaux pour les tourner en dérision et prêche l'idée suivante : « Qu'au lieu de mettre en joue quelque vague ennemi, mieux vaut attendre un peu qu'on le change en ami. »

C'était l'oncle Martin, c'était l'oncle Gaston
L'un aimait les Tommi's, l'autre aimait les Teutons.
Chacun, pour ses amis, tous les deux ils sont morts.
Moi, qui n'aimais personne, eh bien ! je vis encore.

Maintenant, chers tontons, que les temps ont coulé,
Que vos veuves de guerre ont enfin convolé,

Que l'on a requinqué, dans le ciel de Verdun,
Les étoiles terni's du maréchal Pétain,
Maintenant que vos controverses se sont tu's,
Qu'on s'est bien partagé les cordes des pendus,
Maintenant que John Bull nous boude, maintenant,
Que c'en est fini des querelles d'Allemands
Que vos fill's et vos fils vont, la main dans la main,
Faire l'amour ensemble et l'Europ' de demain,
Qu'ils se soucient de vos batailles presque autant
Que l'on se souciait des guerres de Cent Ans,
On peut vous l'avouer, maintenant, chers tontons,
Vous l'ami des Tommi's, vous l'ami des Teutons,
Que, de vos vérités, vos contrevérités,
Tout le monde s'en fiche à l'unanimité.

De vos épurations, vos collaborations,
Vos abominations et vos désolations,
De vos plats de choucroute et vos tasses de thé,
Tout le monde s'en fiche à l'unanimité.

En dépit de ces souvenirs qu'on commémore,
Des flammes qu'on ranime aux monuments aux Morts,
Des vainqueurs, des vaincus, des autres et de vous,
Révérence parler, tout le monde s'en fout.
La vi', comme dit l'autre, a repris tous ses droits.
Elles ne font plus beaucoup d'ombre, vos deux croix,
Et, petit à petit, vous voilà devenus,
L'Arc de triomphe en moins, des soldats inconnus.

Maintenant, j'en suis sûr, chers malheureux tontons,
Vous, l'ami des Tommi's, vous, l'ami des Teutons,

# Aimer son ennemi

Si vous aviez vécu, si vous étiez ici,
C'est vous qui chanteriez la chanson que voici,
Chanteriez, en trinquant ensemble à vos santés,
Qu'il est fou de perdre la vi' pour des idé's,
Des idé's comme ça, qui viennent et qui font
Trois petits tours, trois petits morts, et puis s'en vont,
Qu'aucune idée sur terre est digne d'un trépas,
Qu'il faut laisser ce rôle à ceux qui n'en ont pas,
Que prendre, sur-le-champ, l'ennemi comme il vient,
C'est de la bouilli' pour les chats et pour les chiens,
Qu'au lieu de mettre en jou' quelque vague ennemi,
Mieux vaut attendre un peu qu'on le change en ami,
Mieux vaut tourner sept fois sa crosse dans la main,
Mieux vaut toujours remettre une salve à demain,
Que les seuls généraux qu'on doit suivre aux talons,
Ce sont les généraux des p'tits soldats de plomb.
Ainsi, chanteriez-vous tous les deux en suivant
Malbrough qui va-t-en guerre au pays des enfants.

Ô vous, qui prenez aujourd'hui la clé des cieux,
Vous, les heureux coquins qui, ce soir, verrez Dieu,
Quand vous rencontrerez mes deux oncles, là-bas,
Offrez-leur de ma part ces « Ne m'oubliez pas »,
Ces deux myosotis fleuris dans mon jardin
Un p'tit *forget me not* pour mon oncle Martin,
Un p'tit *vergiss mein nicht* pour mon oncle Gaston,
Pauvre ami des Tommi's, pauvre ami des Teutons.

Georges Brassens, *Les Deux Oncles*, © Universal, 1964.

## BIBLIOGRAPHIE

### • Œuvres de Léon Werth
- *Déposition. Journal 1940-1944*, Viviane Hamy, 2000.
- *Le Monde et la Ville*, Viviane Hamy, 1998.
- *Cochinchine*, Viviane Hamy, 1997.
- *Saint-Exupéry tel que je l'ai connu*, Viviane Hamy, 1994.
- *La Maison blanche*, Viviane Hamy, 1990
- *Clavel soldat,* Viviane Hamy, 1993.
- *Caserne 1900*, Viviane Hamy, 1993.

### • Ouvrages sur le contexte historique
- Ferdinando Tacconi, Carlo Marcello, Robert Bielot, *La Seconde Guerre mondiale : l'après-guerre*, « Histoire de France en bandes dessinées », Larousse, 1983.
- Annette Wieviorka et Michel Pierre, *La Seconde Guerre mondiale*, « Repères », Casterman, 2000.
- Henri Michel, *La Seconde Guerre mondiale*, « Que sais-je ? », Presses universitaires de France, 2000.
- Collectif, *Le Monde contemporain*, « Découvertes junior », n° 18, Gallimard-Larousse, 1993.
- Lucie Aubrac, *La Résistance expliquée à mes petits-enfants*, Le Seuil, 2000.
- Henri Amouroux, *La Grande Histoire des Français sous l'Occupation*, t. V « Les passions et les haines », Robert Laffont, 1998.
- Jean-Pierre Azéma, *De Munich à la Libération (1938-1944)*, Le Seuil, 1987.
- Henri Michel, *La Seconde Guerre mondiale*, « Que sais-je ? », Presses universitaires de France, 1985.
- Jean-Pierre Azéma et François Bédarida, *La France des années noires*, 2 tomes, Le Seuil, 2000.
- Jean Defrasne, *L'Occupation allemande en France*, « Que sais-je ? », Presses universitaires de France, 1992.
- Robert O. Paxton, *La France de Vichy (1940-1944)*, « Points histoire », Le Seuil, 1999.
- Jean-Pierre Azéma et Harry Roderick Kedward, *Naissance de la Résistance dans la France de Vichy (1940-1942)*, Champ Valon, 2000.
- Henry Rousso, *Les Années noires, Vivre sous l'Occupation,* « Découvertes Gallimard », Gallimard, 1992.
- Jean Defrasne, *Histoire de la collaboration*, « Que sais-je ? », Presses universitaires de France, 2000.
- Jean-François Muracciole, *Histoire de la Résistance en France*, « Que sais-je ? », Presses universitaires de France, 2000.

• **Romans**
– Jean-Marie Pouplain, *Les Enfants cachés de la Résistance,* Geste, 1998.
– David Szlamowicz, *Un Enfant dans la tourmente : la dangereuse aventure d'un enfant sous l'Occupation*, SIDES, 1998.
– Joseph Joffo, *Un Sac de billes*, Jean-Claude Lattès, 1973.
– Régine Soszewicz, *Les Étoiles cachées*, « Castor poche junior », Flammarion, 1993.

### FILMOGRAPHIE

– *La Vie est belle*, de Roberto Begnini, 1998.
– *xxe siècle : l'histoire en images, 1940 et 1945*, CNDP, 1986.
– *Jeux interdits*, de René Clément, 1951.
– *Le Vieil Homme et l'Enfant*, de Claude Berri, 1966.

### S'INFORMER AU CDI

• **CD-Roms**
– *La Seconde Guerre mondiale, histoire parallèle,* sous la direction de Marc Ferro, Montparnasse Multimedia, 1999.
– *La Résistance en France, une épopée de la liberté*, sous la direction de Laurent Douzou et Bruno Leroux, Montparnasse Multimedia, 1999.

• **Magazine**
– André Derval, « Léon Werth, le pacifiste inconnu », *Magazine littéraire*, n° 378, juillet-août 1999.

### CONSULTER INTERNET

– http ://ecrivosges. 2st.fr/bio_werth. htm
– http ://portail.histoire.org/
– http ://www.ac-nantes.fr/peda/disc/histgeo/progexam/collres.htm

### VISITER

Mémorial de Caen
L'Histoire pour comprendre le monde
Esplanade Eisenhower – BP 6261
14066 Caen Cedex 4
Tél. : 02 31 06 06 44.
Site : http ://www.memorial-caen.fr/

# Classiques & Contemporains

## SÉRIES COLLÈGE ET LYCÉE

NOTES PERSONNELLES

NOTES PERSONNELLES

NOTES PERSONNELLES

# NOTES PERSONNELLES

NOTES PERSONNELLES

NOTES PERSONNELLES

**Couverture**
*Conception graphique* : Marie-Astrid Bailly-Maître
*Choix iconographique* : Klara Corvaisier
*Photo* : « L'exode pendant la Seconde Guerre mondiale », © ROGER-VIOLLET

**Intérieur**
*Conception graphique* : Marie-Astrid Bailly-Maître
*Édition* : Fabienne Hélou
*Réalisation* : Nord Compo, Villeneuve-d'Ascq

**Remerciements de l'auteur :**
À Cécile Prigent et Agnès Théry pour leur aide précieuse